JN214189

燃え上がり、その炎は冷めることを知りませんでした。

　そんな私が、2009年に国立重度知的障害者総合施設のぞみの園に研究員として就職した際、新たな挑戦に胸を躍らせていました。そこでの仕事は、知的障がいを持つ人々の支援策に関する研究を行うことでした。研究を通じて新たな知見を生み出すことに無上の喜びを感じていましたが、ある日、上司からの一言が私の人生を一変させることになるとは、その時は夢にも思いませんでした。

　　「知的に障がいがある人で罪を犯した者たちがいる。そのための支援体制が国によって作られたが、福祉の分野での関わりが求められている。そこで、刑務所を出所した知的障がい者を受け入れる施設がどれほど存在するのか、調査してほしい」

　その依頼を受けた瞬間、私の胸には激しい反発が生じました。罪を犯した者たちを支援するなど、私の信念に反する行為だと考えたのです。しかし、時間が経つにつれて、研究チームが組織され、私の考えも次第に変わっていきました。そして、その変化を決定づけたのが、当時、障害者支援施設の施設長であった水藤昌彦氏(現山口県立大学教授)との出会いでした。

　水藤氏は、オーストラリアのヴィクトリア州で知的障がいを持つ罪を犯した人々の支援に携わっていた経験を持つソーシャルワーカーで、その落ち着いた口調で私に語りかけました。

　　「木下さん、お気持ちはよくわかります。しかし、罪を犯した者たちを社会から完全に隔離することはできません。誰かが彼らの社会復帰を支援しなければ、再犯のリスクは増え続けるばかりです。これは、誰かが引き受けなければならない仕事なのです」

　その言葉は、私の「なぜ罪を犯した人への支援が必要なのか」という疑問や、「いや必要ない」という私の価値観を根底から覆すものでした。その瞬間から、私は積極的に罪を犯した者たちを支援し、再犯防止に資することで社会をより安全

にする使命感を強く感じるようになりました。

その後、研究を続けていく中で、実際に罪を犯した当事者たちと対面する機会が増えていきました。当初は「社会の安全のために」という思いで取り組んでいましたが、次第に「彼らの生活課題や生きにくさを解消するために」という思いへとシフトしていきました。

本書は、罪を犯した人々に関わる様々な専門職——ソーシャルワーカー、弁護士、看護師、当事者で現在は支援者、犯罪学者——がみずからの専門性を語り、どのように罪を犯した人々に関わっているのかを描き出しています。また、彼らに「なぜ罪を犯した人の支援をしているのか」という問いを投げかけ、その回答を収めました。これらの視点を通じて、罪を犯した人々への支援の必要性について、少しでも多くの方々に理解を深めていただければ幸いです。

本書が、罪を犯した人たちを支援することの意義を理解し、その支援の輪が広がる一助となり、読者の皆さんが新たな視点で社会の安全と共生を考えるきっかけとなることを心から願っています。

さて、本書の企画から完成に至るまで、多くの方々にご協力をいただきました。対談をお願いした皆さんは、実際に罪を犯した人々の支援にさまざまな形で関わっている、まさに「現場のプロフェッショナル」たちです。

ソーシャルワーカーの金子毅司さんとは、かれこれ30年近いお付き合いになります。学生時代からお互いに知的障がいのある人々への支援に強い関心を持ち続け、途切れることなく切磋琢磨してきました。今回、このように一緒に仕事ができることを、とても嬉しく思っています。現在、金子さんは司法の現場で、新参者としてのソーシャルワーカーという立場を確立し、日々その支援のあり方を追求しながら奮闘されています。

弁護士の菅原直美さんとは一度、「なぜ罪を犯した人々を支援するのか」というテーマについて夢中になって語り合いました。菅原さんが、当事者に深く寄り添い、そこから治療的司法にたどり着いたお話をうかがい、これはぜひ活字にして世に出すべきだと強く感じていました。そのお話を本書に反映できたことに、非常に感銘を受けています。

当事者で支援者の渡邊洋次郎さんは、ご自身の人生を冷静かつ客観的に振り返りながら、なぜご自身が罪を犯し、依存症になったのかを丁寧に分析し、それを非常にわかりやすい言葉で表現する活動をされています。その明晰な分析力と言葉の力に魅了され、私の授業にゲストスピーカーとして何度もお招きしました。学生たちに、罪を犯した人や依存症を抱える人への支援について考える貴重な機会を与えてくださっています。

　島根あさひ社会復帰促進センターで臨床心理士として受刑者に寄り添い続けてきた毛利真弓さん。実は、映画『プリズン・サークル』を観た際に、「いつか毛利さんにお話を聞いてみたい！」と思っていたのですが、その願いが今回の企画で実現しました。長年の思いが形となり、言葉では表現しがたい喜びを感じております。

　刑務官から刑務所看護師に転身し、現在は法務省のアドバイザーとして、刑務所のあり方に鋭くメスを入れている加藤公一さん。対談企画で初めてお目にかかった際、すぐに意気投合し、「罪を犯した人への支援の必要性を世に訴えかける書籍を作ろう！」という話で盛り上がり、これが本書の企画のきっかけとなりました。現在もお互いに「教育・啓発」をしていく立場から、定期的に意見交換を行いながら、お互いにブラッシュアップすることを試みています。

　共編著者である丸山泰弘さんとは、国内外を問わず調査や研究会で10年以上にわたり一緒に刑罰や支援のあり方を考え続け、協働してきました。気鋭の刑事法学者であるにもかかわらず、議論を交わらせているといつも社会福祉学者と話をしているように錯覚します。人の権利や尊厳に対する深い理解と想いが、そのように感じさせるのだと思います。

　また、今回のイラストを担当してくださった「きえこ.」さん。今回の挿画は、大胆ながらも繊細なタッチで描かれており、殺伐となりがちな本書のテーマの中に花を添えていただきました。感謝申し上げます。

　最後に、現代人文社の齋藤拓哉さん。今回の書籍の企画を相談した際、すぐに「面白いと思います。企画に乗るように練っていきましょう」と前向きに取り組んでくださり、そのおかげでこのプロジェクトが大きく動き出しました。このような機会を作ってくださり本当にありがとうございました。

本書は、このような素晴らしい皆さんとともに作り上げました。被疑者・被告人や罪を犯した人たちとの共生の必要があるのか、あるとしたらどのように実現すべきか。私たち一人ひとりができることは何なのか。そうした問いを考える一助となれば、企画者としてこれ以上の喜びはありません。

　　　　　　　　　　　秋の気配が虫の音とともに漂う日立の地にて。

　　　　　　　　　　　　　　　　　　　2024年9月18日

　　　　　　　　　　　　　　　武蔵野大学教授　木下大生

CONTENTS

凡例
・[→●頁]とは、「本書の●頁以下を参照」を意味する。
・初出の年については、原則として西暦で表記した。
・本文内にて編著者が補足が必要と考えた用語については、破線で囲い解説を加えた。

司法と福祉が交わるとき
～その方程式は掛け算か割り算か～

木下大生（きのした・だいせい／武蔵野大学教授）

専門職連携による包括的支援の重要性

　私は国家資格である社会福祉士を取得し、福祉分野で専門職として活動するソーシャルワーカーです。私たちソーシャルワーカーの役割は、生活に困難を抱える人々を支援し、彼・彼女らがその困難に対して、みずからの力で課題を解決できるように側面からサポートすることです。

　ソーシャルワーカーの基本的なアプローチは、医師が病気を治療するように即効的な解決策を提示するものではなく、当事者自身が持つ潜在的な力を引き出し、その力を最大限に活用して問題解決に向かっていけるよう寄り添うことです。ソーシャルワーカーは、当事者が抱える問題に対して包括的に対応する必要があり、生活全般にわたる広範囲な支援を提供します。当事者との信頼関係を築きながら、彼・彼女らの自己決定を尊重し、ともに考えながら前に進むのが私たちの役割です。

　福祉職が担う領域は、高齢者や障がい者、貧困者、児童といった幅広い分野にわたり、それぞれの分野で多様なニーズに応えるべく活動しています。しかし、罪を犯した人々に対する支援は、長い間、福祉職の対象外とされてきました。

福祉職が刑事司法領域に関与するまでの経緯

　戦後、日本においては社会福祉制度が次第に整備されていきましたが、1946年に制定された社会福祉事業法2条には「更生保護事業は社会福祉事業に含まれない」と明記されていました。この条文によって、長きにわたり更生保護、すなわち罪を犯した人々の社会復帰支援は福祉制度の対象外とされてきました。しかし、2009年に始まった「地域生活定着促進事業」の施行により、福祉職がこの領域に参入し、罪を犯した人々への支援が公的な福祉制度の一部となる契機が生まれました。

　また、福祉に対する包括的な視点が社会全体に浸透し始めたことも、このような施策が実現する土壌を作り出しました。福祉職が罪を犯した人々や出所者に対して行う支援は、社会復帰後の生活を見据えたものとなっており、彼・彼女らが社会に戻った後の生活環境や雇用支援、地域社会との繋がりを構築するための支援が主となります。福祉職は、社会復帰支援において単なるサポーターとしての役割を果たすだけでなく、新たな社会との接点を作り出す重要な役割を担っています。

　このような流れの中で、刑務所の内情が少しずつではありますが、明らかになるのに加えて、刑事司法制度における問題点として、浜井浩一氏が著書『2円で刑務所、5億で執行猶予』(光文社、2009年)で指摘した内容があります。同書では、同じ罪を犯した場合でも、実刑になるか執行猶予がつくかが個々の社会的状況や資金力に大きく依存するという不公平な現実が描かれています。重大犯罪でない限り、「被害弁済ができる」「裁判で反省の弁を述べられる」「身元保証人がいる」といった条件を満たすことで実刑を回避できるケースが多い一方で、これらの条件を満たせない知的障がい者は、実刑判決を受けやすいという現実がある、と主張しました。このような不公平な扱いは、犯罪者支援において福祉的視点を持つ必要性を強く示唆しています。

　浜井氏は、刑事司法が犯罪行為そのものを裁く一方で、社会的背景や支援

の不足によって不公平が生じていることを強調しています。特に知的障がいのある人々が適切な支援を受けることなく刑務所に送られ、その後の支援体制も不十分であるため、再犯リスクが高まっている現状は見逃せません。この問題を解決するためには、刑事司法と福祉が連携し、犯罪者や元犯罪者に対する包括的な支援体制を構築することが不可欠です。

専門職の連携の必要性

　罪を犯した人々の社会復帰は、福祉職だけで完結するものではなく、医療職や心理職、司法職など、多職種との連携が求められます。犯罪行為の背後には、精神的な疾患や家庭環境の問題、社会的孤立といった複合的な要因が絡んでおり、それらに対応するためには各専門職が持つ知識やスキルを最大限に活用し、協力し合うことが求められます。たとえば、医療職は、罪を犯した人々が抱える身体的・精神的な健康問題に対処し、適切な治療やケアを提供します。心理職は、過去のトラウマや心理的ストレスに対処し、感情の整理や行動改善を促すための心理療法やカウンセリングを行います。司法職は、刑務所や保護観察所といった法的機関での支援が途切れないように調整し、社会復帰への道筋を整備する役割を担っています。

　多職種連携によって、罪を犯した人々に対する支援は単なる個別的な支援にとどまらず、彼・彼女らが社会に再び参加し、自立した生活を築くための包括的なサポートが提供されるのです。ソーシャルワーカーとしての役割は、クライエントが生活上の問題を解決し、再び犯罪に至ることなく新たな人生を歩むための基盤を築くことにあります。しかし、罪を犯した人々が抱える問題は、健康状態の悪化や心理的なストレス、家庭環境の悪化といった、複雑で多岐にわたるものです。これらの問題に対応するには、各専門職が相互に補完し合いながら、総合的な支援を提供することが重要です。

　これまで、支援においては専門職間の連携不足や、支援が途切れることが

大きな課題とされてきましたが、近年ではこうした課題に対処し、より包括的な支援体制の構築が進んでいます。それでもなお、福祉職としてのソーシャルワーカーは、この分野では比較的新しい存在であり、私自身も他の専門職が長年にわたって培ってきた考え方や実際の活動について、十分に理解できていない部分が多くあります。効果的な連携を実現するためには、各専門職の役割や取組みを深く理解することが欠かせません。

　「各専門職が罪を犯した人々をどのような視点で支援しているのか？」「何を大切にしているのか？」を私自身が知りたく企画した書籍です。「罪に問われた人たち」に関わる専門職の人々はどのような思いで、何を試しているのでしょうか？　これまであまり明るみに出てこなかったことを一緒に探求していきましょう！

1章

「刑事司法」×「ソーシャルワーカー」＝"社会復帰"のその先へ

　金子毅司さんは、長年、障がい者福祉に携わるなかで、司法福祉への関心を深め、その実践を積み重ね広げてきた。本対談では、自身の経験を通して、司法の場におけるソーシャルワーカーの役割を具体的な事例を交えて語っている。特に、福祉職が法廷や刑事手続での支援に挑む際に直面する課題や、司法と福祉の連携の重要性について深く掘り下げている。さらに、障がい者が地域で再び生活を築くための包括的な支援の重要性を強調しており、この対談を通じて、福祉と司法をつなぐ支援の意義や、ソーシャルワーカーの果たす役割を再考する機会が提供されることが期待される。

金子毅司
かねこ・つよし

新潟医療福祉大学心理・福祉学部社会福祉学科助教。社会福祉士・精神保健福祉士・公認心理師。専門は障害福祉、司法福祉、就労支援。学生時代、大学教員にすすめられて就職した社会福祉法人で就労支援の魅力、やりがい、難しさを知り、多くの学びを得る。その後もさまざまな障害福祉領域での実践を重ねながら、現在は、大学に身を置きつつ、一般社団法人東京 TS ネットの一員として罪に問われた障害のある人の支援に関与している。教育や実践、ときには国家試験対策の場でもソーシャルワーカーの魅力を伝えるべく日々奮闘中。

経験を積むほど湧き上がる疑問

木下　金子さんは、長く障がい者福祉領域で働らかれていますが、なぜ「司法福祉」の世界に関わるようになったのでしょうか。

金子　実は、これといった理由はなくて、恥ずかしながら合格できたところが福祉を取り扱う学部だったというくらいの理由です。「福祉を目指して大学を選んだ」のではなく、合格できた大学がそういう所だったということです。ただ、結果的には福祉に関する授業の一部は私には楽しく感じるものがありました。

木下　なるほど。もともとは福祉を志していた、ということではなかったのですね。ただ、入学後は4年間大学で福祉をきちんと学ばれたわけですが、卒業後は福祉の方面に進まれたのですか。

金子　ちゃんと学んだと言っていいかはさておいて、卒業後に社会福祉法人に就職しました。障がいのある人への就労支援を事業の中心に据え、企業への一般就労を目指し日々支援を行う法人でした。私はそこで多くの人と関わり、先輩方から支援のあり方を学び、さらには障がいのある人たちの就職先となる企業文化に触れ、さまざまなことを経験させてもらうことができました。当時はまだ今ほど障がいのある人の就労、特に一般企業への就労ということは広く認知されているとは言いがたい時代でした。そのため、企業開拓をしていても門前払いのようなことも少なくありませんでした。ただ、それだからこそかもしれませんが、企業への就労を実現したときには本人とともに喜び、給与明細を持ってきて「うちの子が納税者になりました」と涙ながらに語る保護者の方との会話にともに涙を流すなど、やりがいに満ちた日々を送っていました。

木下　今となっては**法定雇用率制度**に対する社会の理解も広がってきて、障がいのある人たちの就労は進んできてはいますが、金子さんが就労支援をされていたのは25年くらい前でしょうか。その頃はまだ社会の理解も今ほど進

んでいなかったでしょうから本当に大変でしたよね。

金子 はい。就職を希望しながらも叶わなかった方もいますし、大変な努力の末に就職できたとしてもさまざまな理由で退職を余儀なくされてしまうなどの困難に直面することがありました。それでも、当時の私は就労を通じて社会参加を実現していくプロセスに関われることを誇りに思いつつ支援に携わっていました。しかしその一方で、経験を積めば積むほど疑問が湧いてきました。

木下 それはどのようなものでしょうか。

金子 「地域で暮らすことのリスクは誰がケアしているの？」という疑問です。一般就労を実現し、地域での生活を充実させていく人がいる一方、トラブルからこれまでの生活が音を立てて崩れていくのを目の当たりにする経験もしました。ある方は、仕事帰りにキャッチセールスにつかまり、望まぬ買い物を大量にしてしまいました。また、ある方は会社から渡された保険証で多額の借入れをしてしまい生活が立ち行かなくなってしまいました。学生時代、「地域で暮らすことは素晴らしいことだ」と教わり、そのことを純粋に信じていた私の心に、地域で暮らすことイコール素晴らしいこと、に対してリアルな問題が降りかかってくることで、疑問が折り重なっていったわけです。

木下 たしかに、こう言ってはなんですが、生活するとなると綺麗事ばかりではすまないわけですよね。そういったことも突きつけられたわけですね。

地域での生活が素晴らしいという点は変わりませんが、おっしゃるよう

に、そこにはリスクやトラブルが伴います。新卒当初の金子さんは、そういった、良いことばかりではない、という現実を突きつけられ、思い悩むわけですね。福祉職、誰もがぶち当たる壁なのではないかと思います。私は今大学で福祉について教えていますが、綺麗な部分のみを伝えるのではなく、現実に生じる課題も投げかけ、考えてもらうようにしています。

　話を戻して、金子さんに折り重なっていったリアルな問題と生じた疑問はどのようなものだったのでしょうか。

金子　地域での生活が素晴らしいことに異論はないけれど、地域で暮らすことにはリスクもあります。昔も今も社会的に弱い立場に置かれている人が詐欺などのターゲットになってしまうことは少なくありません。私は、こういったリスクも念頭に置いて就労支援を行っていたのだろうか、と自問自答しており、今も自身の至らなさには悔いが残ります。そして、このような課題を解決するためには、さまざまな機関や専門職と連携しなければならないという考えに至りました。特に法律専門職との連携は不可欠で、本人だけでなく私にとっても大変心強い存在でした。

木下　福祉職が司法領域に関与することで、罪を犯した人々への支援が強化されるようになりました。福祉職は、罪を犯した人々の社会復帰に向けた包括的な支援を提供する役割を担っています。また、刑務所が再犯防止のために必要なスキルを提供する場としても重要な役割を果たすようになりました。金子さんもこの変化の時期に、実践へと踏み出す決意をされたのですね。

金子　私はその後、このような疑問を抱きつつも何らアクションを起こすことができないままに年月を費やしていました。その後、障がいのある人たちが地域生活を送るなかで巻き込まれるトラブルの回避や巻き込まれた際の解決方法などについて学びたい、深めたいという考えが強まり、一念発起して大学院修士課程で学ぶことを決めました。試験に備えて勉強したり、さまざまな情報を集めたりするなかで、刑務所などの矯正施設には高齢者や障がいのある人々が多くいることを知りました。その人たちの中には、本来福祉が

対象とするべき、生活上の困難や困りごと、いわゆる福祉ニーズに対してケアがなされず、その苦しさゆえに犯罪に至ってしまった方もいることがわかりました。そもそもこれまでの人生で障がいがあることに気づくことなく生活をしており、本人が感じる生きづらさへのケアがなされていなかったというケースも少なくありません。このような背景があることを知り、これまで私が抱いていた疑問とオーバーラップするのを感じたわけです。これまで、トラブルに巻き込まれる側の側面しか見えていなかった私にとって、少しボタンを掛け違うと罪を犯す側に回ってしまうのか、という事実があることは、これ以上ない衝撃でした。そして、山本譲司さんの『獄窓記』(ポプラ社、2003年)や『累犯障害者』(新潮社、2006年)にたどり着き、強くその事実を突きつけられたことで、私は迷わず、罪を犯してしまった障がいのある人への支援をテーマに修士課程での研究を行うことを決めました。

> 『獄窓記』　元衆議院議員であった山本譲司氏は黒羽刑務所で受刑生活を送った。洗濯や食事の準備など受刑者が受刑者の世話をすることも作業として行われるが、山本氏は高齢者や障がい者の介護をする作業を担当することとなった。そのため、刑務所には凶悪犯が集まっているのではなく、社会で生きづらさを抱えてる人が少なからず存在することを本書で世間に知らしめた。

木下　山本譲司さんの『獄窓記』は、障がいのある人たちの支援領域には大きな衝撃を与えましたね。ご自身の刑務所収容経験から、高齢や障がいがあることで、自分自身がどこにいるのかもわからない人が少なからずいた。刑務所は、まるで福祉施設みたいだった。そういった人たちを、刑務所に収容しておく必要があるのか、との問題を世に提起する書籍でした。そこから、日本の刑事司法施策が大きく動き出す、という社会変革を起こした本でした。

実践へ

金子 研究を進めていくうちに、自身も実践に足を踏み入れたいとの想いを強くし、2016年より一般社団法人東京 TS ネット[1]で更生支援コーディネーターとして活動することにしました。

木下 東京 TS ネットでは、主に**被疑者・被告人**となった障がい者や刑務所を出所した障がい者の支援を行っていますね。具体的にはどのようなことをされているのですか。

> **被疑者・被告人** 逮捕されたら刑事訴訟法上「被疑者」の身分となる。よく聞く「容疑者」はマスコミ用語であって法律上の根拠はないとされる。その後、刑事手続の用語説明でもあるように [→020頁] 起訴されれば「被告人」となり、憲法上で国選弁護人が保障されているのは「被告人」のみであったので起訴されるまで国選弁護人が付けられないという問題があった。2006年10月から逮捕後の被疑者の身分から国選弁護人制度が実施されるようになった。しかし、それでも対象事件が限定されていた。実際に全事件が対象となったのは2018年6月になってからである。

金子 東京 TS ネットでは、主に被疑者・被告人となり、罪に問われた障がいのある人への支援を、弁護士や更生支援コーディネーターと呼ばれる心理や福祉専門職が協働して行います。その中で更生支援コーディネーターは、福祉的支援を担います。**刑事手続**の中で行われるため、起訴や裁判期日までのスケジュールがタイトであったり、支援に関われる時間が短いといった時間的な制約があったり、**勾留**されていたりするケースなどでは、直接会うことができないという物理的な制約が生じることがあります。しかし、更生支

---

1 東京 TS ネット 〈https://tokyo-ts.net/（2024 年 9 月 10 日最終閲覧）〉。

援コーディネーターが行う支援は、その人が地域に戻ったときの生活のため、本人の希望に寄り添い、丁寧なアセスメントのもと支援計画を立てるという意味で通常のソーシャルワークと何ら異なることはありません。

刑事手続（特に逮捕から判決まで）　警察で逮捕された者は、検察、裁判、（有罪なら）罰金や刑務所、更生保護（保護観察）の手続に進む。特に、本文との関係で逮捕から判決までについて考えると、逮捕後に約48時間で検察に送致しなければならず、受理した検察は24時間以内に勾留するかどうかを判断しなければならない（ここまでに3日間）。そして、裁判官の許可を得て、10日間の勾留とさらに10日間の延長がある（合計で23日間）。このように23日間の身柄拘束と考えられるが、これが別件で再逮捕となることが多く、さらに逮捕から手続が繰り返されることとなる。否認するほど身柄拘束の期間が延びることが国際的にも問題視されている。その後、検察官によって起訴されれば裁判へと進む。裁判では無罪になることもあるが、日本では一度起訴されると99.9%の有罪率となることが有名で、有罪となれば死刑の生命刑、自由刑、罰金刑の刑罰を受ける。

刑事司法手続（成人）の流れ

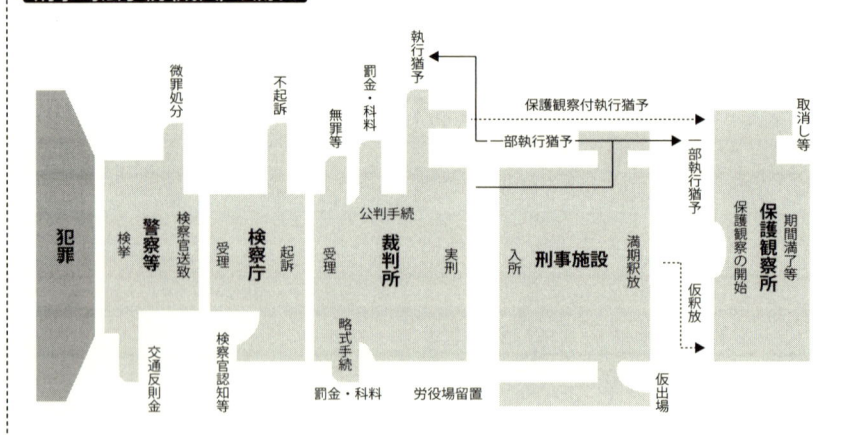

※『平成25年版犯罪白書』「第2編　犯罪者の処遇　第1章　概要」をもとに作成。

> **勾留** 勾留は逮捕後に警察での身柄確保、検察での捜査で72時間までと決まっており（用語説明「刑事手続」を参照）、その後にも引き続き身柄を確保した捜査を行う際に必要な裁判所での手続を経てから行われるものである。同じ読み方で「拘留」というものもあるが、こちらは刑罰の一種であって、裁判の有罪判決後に言い渡される自由刑である。自由刑の中でも「1日以上30日未満」のものをいう。

木下 罪を犯した人に対する支援であっても、これまで福祉職が行ってきた支援と何ら変わりない、ということがとても大きなポイントだと感じました。とはいえ、「罪を犯した」という括弧がつくと思います。その括弧づきの人々の支援はどのようなものか、もう少し詳しく教えていただけますでしょうか。

金子 少し例を挙げて説明をします。比較的軽微な窃盗などを繰り返す人のなかには、生活苦ゆえに窃盗を繰り返してしまう人がいます。このような人に対して単に刑罰を与えれば問題は解決するのでしょうか。犯罪行為の原因が生活苦、貧困であるのならば、この課題を解決する必要があります。このようなケースについて、弁護士から更生支援のオーダーが東京 TS ネットに入ると、登録している更生支援コーディネーターが支援を開始します。本人が生活苦に陥ってしまっている理由はどこにあるのか、本人が望む生活の実現にはどのような支援が必要なのかなどをアセスメントし、具体的な支援計画として立案します。そして、作成した**更生支援計画**は、本人の同意を得た後に、裁判などの証拠として提出される場合があります。その際は、情状証人として更生支援計画とそれに伴う支援について検察官や裁判官に説明することになります。ソーシャルワークを専門としない人への平易な説明を心掛けること、時間的な制約などにより簡潔な説明が求められることなどに毎回苦心しています。

木下 なるほど。福祉的な支援、つまり生活に生じている課題の緩和・解決ということには変わりないけど、そのために連携したり対峙したりする、と言ってよいのでしょうか。そういった周囲の専門職の顔ぶれが大きく変わった、ということになるのでしょうか。そうすると、福祉職と同じように、どの専門職もそれぞれの独自の文化や慣習がありますから、たとえば、よく使われる専門用語1つとっても、こちらが理解できなかったり、逆に、こちらが使う専門用語が相手に通じなかったり、ということが生じるわけですね。それで、連携がスムーズにいかなかったりした、ということでしょうか。とすると、法廷で更生支援計画を説明する際、福祉の専門用語を使わず、司法関係者にもわかりやすい言葉で説明することが求められますね。福祉職が司法の現場で適切にその役割を果たすためには、言葉選びや説明の仕方が重要だということですね。他には何か苦労したことはありましたか。

金子 自分の専門性はソーシャルワークであるという自負を持ち、意気揚々と司法領域に足を踏み入れたのですが、そこでは多くの戸惑いと壁に直面しました。最も大きかった壁が、これまでの実践では当たり前のように使っていた「ソーシャルワーク」「福祉」といった言葉が通用しなかったことですね。司法領域で福祉の専門用語は共通言語ではありません。これらの言葉を一から丁寧に説明する必要があります。特に情状証人として法廷に立ったときなどは、口頭のみでしかも簡潔に述べることが求められます。ただ、これが思いのほか難しかったです。

木下 司法の現場では、福祉の専門用語が通じないことが大きな壁となりますね。また、「法廷」という福祉の現場ではなじみのない場所で発言をする、ということも非常に大きなプレッシャーになったのではないかと思います。そういった意味で、司法の現場では、ソーシャルワーカーは新参者で、しかも、こちらの文化や慣習、言語が理解されていない。とても難しいチャレンジングな経験だったのではないかと思います。

金子 他の専門職への説明だけではなく、対象となった本人に説明するときも同様です。更生支援コーディネートで関わる人は、これまで福祉的支援を受けた経験のある人ばかりではありません。福祉的な支援や医療との関わりが必要でありながら、周囲が、場合によっては本人もそのニーズに気づくことができず、福祉や医療にアクセスできずにいた方も多くいます。弁護士から「今度、福祉の人が来てくれます」などと紹介をされ、面会に向かうのですが、「そもそも福祉とは？」「ソーシャルワーカーの役割とは？」といったことを丁寧に説明する必要があります。

木下 元々、「ソーシャルワーカーとは」「ソーシャルワークとは」ということ自体、そこになじみのない人に説明するのは難しい、と言われていますからね。そこを理解してもらえるように説明するのも大変だったと察します。福祉的支援や医療との関わりの必要性が一見わからない方は多くいらっしゃると思いますが、そこを掘り起こしていくことも、ソーシャルワーカーの専門性のひとつだと思います。ただ、なかなか理解されにくいですよね。また、生活課題を緩和・解決するにあたり、社会福祉サービスなどの社会資源を利用する必要がありますが、それらも非常に複雑です。また施設やグループホームなどは、福祉に関りがなかった人たちからすると、どのような生活になるか想像もつかないですよね。

金子 そうなんです。これまで福祉にアクセスしていなかった人に福祉の制度や福祉サービスだけを伝えたところで伝わりません。たとえば、障がい者福祉の領域では福祉サービスを利用する前に見学や体験をすることが多いのですが、勾留されているケースではそれもかないません。「グループホーム」

「就労移行支援」などのサービスをどのように説明したらイメージしてもらうことができるのか。ここでも言葉にすることの難しさを痛感します。

木下　たしかに、グループホームや就労移行支援といった福祉サービスをどのように伝えるかは大きな課題です。特に勾留されているケースでは、体験や見学ができないため、福祉のイメージをつかんでもらうのは難しいですね。実際に私も勾留中の方に「釈放されて行く場所がなかったら、あなたを受け入れると言っているグループホームがありますが、どうされますか？」と聞いた際に「グループホーム？　なんですか、それ。そんなわけのわからないところに行きたいとは思えないです。せめて、外観とか、間取りとか、わかるような資料を持ってきてもらえませんか」と言われ、大きく反省した経験があります。

金子　私もそういった経験を重ね、現在は施設のパンフレットや写真などをお借りして、それをもとに少しでもイメージしてもらえるよう最大限の説明をつくしています。可能であれば、施設の方に来ていただき、直接面会の場で説明をしていただくこともあります。それでも一定の限界はあるのかなと感じています。

木下　なるほど。これまでの常識、というか、福祉領域では理解されていることが前提だったことを一から丁寧に説明していくことが求められるわけですね。それは、先ほども出た話ですが、支援対象者のみではなく、裁判官や検察官、弁護士などといった司法の場にいる専門職全般にも言えそうなことですね。

金子　表現が適切かはわかりませんが、ソーシャルワーカーにとって司法領域はアウェイの場です。弁護士と検察官、裁判官はその役割を異にしていても、同じ教育を受け、法的思考のあり方については共有ができています。しかし、ソーシャルワーカーは、これまで受けてきた教育、思考、価値観が異なります。このすり合わせに困難が生じることも少なくありません。ともに協働する弁護士であっても、これまで受けてきた教育、思考、価値観の違いから支援方針が対立することもあります。

木下 支援方針が対立する。これもとても重要なキーワードですね。たしかに、司法職と福祉職は、関わる目的が違うといいますか。福祉職は、あくまでも生活課題の緩和・解決、生活の質、福祉の世界では QOL (Quality of life) と呼ばれていますが、その向上が目的となりますからね。司法関係者が重視する再犯防止が一致しないことも少なくないと考えます。その中で、ソーシャルワーカーとして、どのように両者のバランスを取りながら支援を進めているのでしょうか。

金子 刑事手続の場面では「再犯をしない」ことにスポットが当たりがちです。そのため、被疑者・被告人段階の人の支援では、司法関係者からは「変化」、もう少し言うのであれば「再犯しないための変化」が求められます。もちろんソーシャルワーカーも再犯を良しとしているわけではありません。しかし、その期待に無条件に応えようとすると、支援計画が制約の多い窮屈なものとなってしまいます。

本人の希望に添い、必要な支援を見極める

木下 罪を犯した人に関わる専門職に期待されることは、「再犯防止」と「更生支援」ですよね。ただ、よくよく考えると、そもそもソーシャルワーカーにはもともと「再犯防止」の機能はないわけです。もちろん、どちらかのみではなく、両方を意識しながらの関りとなるでしょうが、ソーシャルワーカーは、あくまでも「更生支援」、つまり、生活再建の部分を支援していく、そこに軸足があるということですね。たとえば、満期出所になった人は本来自由です。しかし、「再犯をしないため」ということで、そこに関わるソーシャルワーカーが、さまざまな制約を設けることは、少し大げさに聞こえるかもしれませんが、場合によっては人権侵害になってしまうわけですよね。

　金子さんが、この領域に関わるに際して、ソーシャルワーカーとしてどのようなことに注意を払われているのでしょうか。

金子 私たちの生活もそうですが、約束事や制約の多い暮らしは疲弊します。裁判の時などは「仕方ない」と思っていても、それを長く続けることは負担が大きく、破綻してしまうリスクがあると思います。自分が望む生活を送る、さらに言えば、その生活を継続していくことが重要です。丁寧なアセスメントを行い、本人の希望に添い、その人の生活にとって必要な支援とそうではない支援をしっかりと見極めること、ソーシャルワーカーにはそういった姿勢が求められるのだと思います。

木下 ソーシャルワーカーの領域では、「クライエントの自己決定、自己実現を側面的にサポートする」のがミッションだと言われます。そのために、本人が何を望んでいるのか、どのような生活を送りたいのか、ということを丁寧にアセスメントしていく。そこを見出しながら、犯罪行為の背景的要因、特に犯罪に至らせた社会的要因や生活課題を分析していく、ということが求められるわけですね。犯罪行為の背景的要因の分析は、これまでソーシャルワーカーが求められてこなかった技術だと思います。ここについては、この領域に携わるソーシャルワーカーの皆さんが、今後確立していかなければならない部分ですね。

金子 はい、そのとおりだと思います。それにあたって生じるもうひとつの壁が「背景要因がない人、犯罪行為に理由がない人は支援をしないのか？」です。私はこれまで犯罪行為をした人には何かしらの福祉ニーズや生きづらさがあり、ソーシャルワーカーはそのニーズに応じた支援を行うものと理解していました。しかし、ひょっとしたら福祉ニーズがない、福祉ニーズを抽出できないけど、犯罪行為を行ってしまった人もいるかもしれません。

木下 そういった見立てとなった人はソーシャルワーカーの支援の対象にはならないのでしょうか。金子さんはどのようにお考えですか。

金子 まず前提として私が危惧しているのは、背景要因を探すことに必死になることで、本来は支援の必要性が低いにもかかわらず、ソーシャルワーカーが本人の望まない生活を強いてしまうリスクもあるように思うのです。ただ、仮に犯罪行為に背景要因がない人であったとしても、支援の対象にな

ると私は考えます。ソーシャルワーカーは、理由はどうあっても生きづらさを抱える人を支援します。犯罪をしたという結果は、「犯罪をした人」「前科がある人」として、非常に強いスティグマとなります。たとえば、これまで生活していた地域に戻ることができない、これまで支えてくれていた人との関係が切れてしまう、家を借りることができないなどといった形で多くの困難に直面します。このような生活のしづらさ、生きづらさを本人とともに解消することはまさにソーシャルワーカーの役割なのではないでしょうか。

小さなきっかけで新たな排除が生まれる

木下 個人の生活課題の緩和・解決をサポートしながら、一方で地域や社会全体のスティグマは犯罪者にとって非常に強力です。そのため、ソーシャルワーカーは個人の生活再建をサポートするのと並行して、社会全体の意識変革にも働きかけていく。まさしく「ソーシャル」ワーカーですね。ソーシャルワーカーの国際組織である、国際ソーシャルワーカー連盟 (International Federation of Social Workers; IFSW) の**ソーシャルワーカーの定義**にも「社会変革」がソーシャルワーカーのミッションの1つとして掲げられています。

ソーシャルワーカーの定義　国際ソーシャルワーカー連盟は、ソーシャルワークを「社会変革と社会開発、社会的結束、および人々のエンパワメントと解放を促進する、実践に基づいた専門職であり学問である。社会正義、人権、集団的責任、および多様性尊重の諸原理は、ソーシャルワークの中核をなす」と定義する。そして、「ソーシャルワークの理論、社会科学、人文学、および地域・民族固有の知を基盤として、ソーシャルワークは、生活課題に取り組みウェルビーイングを高めるよう、人々やさまざまな構造に働きかける。この定義は、各国および世界の各地域で展開してもよい」と提唱する。

　ソーシャルワークのグローバル定義に「民族固有の知」が含まれるようになっ

た背景には、文化的多様性を尊重する必要性があったことがあげられる。20世紀初頭、ソーシャルワークは主に西洋の価値観を基盤に発展したが、グローバル化や多文化社会の進展に伴い、地域ごとの文化や伝統を尊重し、それを実践に反映させることが重要視されるようになった。特に1980年代以降、非西洋社会や先住民族の知識や視点を取り入れることが必要とされ、彼らの権利や伝統的知識を尊重することが、人権や社会正義の推進に不可欠だと認識されるようになった。

　このような考えに至ったのには、歴史的に、ソーシャルワーカーが植民地支配下で行われた同化政策に加担していた事実があったためである。オーストラリア、カナダ、アメリカ、ニュージーランドなどで、先住民族の子どもを家族から引き離し、主流社会の価値観を教えることが行われた。これにソーシャルワーカーが加担してきた。これにより、先住民族には深刻なトラウマと文化喪失がもたらされ、その影響は現在も続いている。この過去を反省し、現代では先住民族の権利回復や文化再生を支援する取組みが進められている。こうした背景から、ソーシャルワークのグローバル定義には「民族固有の知」が含まれ、文化的多様性と自己決定を重視した公正かつ包括的な実践が求められるようになった。

金子　私たちはみな社会の中で生きています。それは本人が望むか否かにかかわらず、私たちは社会の中で生活を余儀なくされていると言ってもよいのかもしれません。罪を犯した人が再び地域での生活を再構築できるためにはどのような社会である必要があるのか。このような社会のあり方へのアプローチもソーシャルワーカーは視野に入れる必要があります。罪を犯した人の立ち直りを支えるのは、ソーシャルワーカーだけではありません。むしろ、ソーシャルワーカーだけでは不十分です。

木下　共生社会の実現には、ソーシャルワーカーだけでなく、企業や学校、地域社会全体が協力していくことが必要ですよね。社会全体が、罪を犯した人々を排除するのではなく、彼・彼女らが再び社会に迎え入れられることを

支える仕組みを作ることは本当に重要です。ソーシャルワーカーとして、その役割を果たしつつ、社会の意識を変えていく取組みが求められています。簡単ではありませんが。

金子　昨今は、「共生社会」といった言葉を目にすることが増えました。誰もがともに生きる社会、言うのはたやすいですが、残念ながら現実には社会的な排除が行われている場面を目にすることも少なくありません。社会は小さなきっかけで新たな排除を生み出すことがあります。数年前、新型コロナウイルスが流行し始めたとき、罹患することで排除される側となったり、感染者数の多い地域に居住することが排除の理由となったりすることもありました。このように社会的排除は決して他人事ではなく、むしろ身近な問題です。

木下　たしかに、新型コロナウイルスの流行が始まった頃には、感染した人々や、感染者の多い地域に住んでいるという理由だけで、社会的に排除されるような状況が見受けられましたね。そのような排除の要素は、特定の状況や対象に対して瞬時に反応し、広がっていくという点で非常に根深いものです。感染者だけでなく、その家族や関係者にまで差別や偏見の目が向けられ、一時的な不安や恐れが新たな排除の連鎖を生む様子を目の当たりにしました。そして、そのような状況が過ぎ去った後でも、社会の中には依然として排除の仕組みが残り続け、今もなお私たちの暮らしや関係性に影響を与えているように思います。まさに、私たちが目指すべき「共生社会」とは、そうした排除の構造を根本から問い直し、変えていくことが求められているのだと感じます。

金子　おっしゃるとおりだと思います。「共生社会」ということは、誰もが同じ地域で暮らすことを意味しています。つまり、「障がいがあるから」とか「犯罪をした人だから」と遠ざけようとする社会は共生社会とは言えず、排除が生じている社会だと思います。さきほど、コロナ禍の話をしましたが、排除されるきっかけは身近なところで、また些細なことで起きます。今、起きている排除への視点ももちろん重要ですが、日々の生活をこういっ

た排除にビクビクすることなく暮らせる社会を目指す視点も必要なのではないでしょうか。

　そのためには、木下さんが言われたように社会全体の意識を変えることが重要で、それが誰にとっても安心して暮らせる社会に繋がっていくのだと思います。

　山本譲司さんによる『獄窓記』(ポプラ社)と『累犯障害者』(新潮社)が、90年代から厳罰化が進んでいた刑事政策に新たな風を起こすことになった。90年代にはオウム真理教による事件や、神戸連続児童殺傷事件など世間の注目を集める事件が連日報道され、治安悪化が叫ばれ、加害者の更生や社会復帰はピナルポピュリズムの元に主張されなくなっていった。しかし、この『獄窓記』は凶悪な犯罪者が入っているはずの刑務所の中で、実際に受刑していたのは少なくない知的障がいのある人や高齢者などで、社会で生きにくさを抱えて、行き場のない人たちがいることを世間に知らしめたのである。その後の調査でも、何度も繰り返して再犯をする人は出所時に帰住先がないことや、就職することも困難であり、生活苦から犯罪に手を染める人がいることがわかってきた。そこで、全国の刑事施設に社会福祉士が配備され、全都道府県に地域生活定着支援センター[→106頁]が設置された。

　この時期に急に「更生保護」や「刑事司法と福祉」が注目されたことを今でも思い出す。社会福祉士養成の学校や大学では、その講師を探すのが大変であっただろうと想像する。また、現場レベルでも混乱が生じていたに違いない。急に「犯罪をした人」を対象にせよということで、それまでは各施設で対象としてこなかった人を受け入れることになっていったからだ。そして、当時は少しずつ対象者と向き合うことで、一般の福祉と何ら変わらない問題背景と支援が求められることに気づく現場の人が多かった印象がある。しかし、ふと立ち止まり振り返ってみると、実はいきなり降ってわいた問題ではないことにも

気づく社会福祉の現場の人たちがいた。生きづらさを抱えた人の支援が「福祉」ならば、その背景で差別することはおかしいし、そもそも無宿者支援や障がい者福祉を実践する中で、それまでも前科・前歴のある人も珍しくはないし、これまでも支援を実践されてきたからだ。司法と福祉の連携は問題を抱えつつも、少しずつ着実に前進している。

（丸山泰弘）

2 章

「刑事弁護」×「治療的司法」
＝被告人という「人間」と向き合う

　菅原直美さんはこれまで、刑事弁護の現場で多くの困難に直面しながらも、犯罪者の再犯防止と更生を目指した「治療的司法」の実践に取り組んできた。犯罪者を単に罰するだけではなく、社会復帰を支援するための包括的なアプローチを提唱している。菅原さんの経験と知見から、犯罪者支援の新しい方法やその効果について学ぶことができるだろう。菅原さんの取組みは、法曹界だけでなく、社会全体の再犯防止に対する理解と支援の必要性を強く訴えるものとなっており、この活動は司法制度改革に大きな影響を与え、多くの専門家や市民に支持されている。また、このアプローチは犯罪者の人権を尊重しつつ、社会全体の安全を確保するための新たな指針となっている。

菅原直美
すがわら・なおみ

弁護士（新63期）。現在は大学院で臨床心理学を学ぶ。吉祥寺リネン法律事務所（東京弁護士会所属）。季刊刑事弁護（現代人文社）第9回新人賞（優秀賞）受賞（「『生き直しの場』を模索すること」）。主な業績として、覚せい剤自己使用罪で再度の執行猶予判決を得るほか、治療的司法の実践により不起訴や執行猶予など多数獲得。また季刊刑事弁護の編集委員として同87号（2016年）「執行猶予」及び「治療的司法」の両特集を担当編纂。

誰だって「より良く生きたい」と願っている

木下 菅原さんがそもそも弁護士になろうとしたきっかけを、教えていただければと思います。

菅原 私は、もともと弁護士になりたいと思っていたわけではなくて、ジャーナリストになりたかったんです。ドキュメンタリー番組が好きでして、人の人生、いろいろな方の人生を肯定的に描けるようなドキュメンタリーを作りたいなと考えて、マスコミを志望していました。それで、学生時代には札幌の放送局でアルバイトをしていました。そこで出会った司法記者さんから、あなたは報道やマスコミよりも、実際に困っている人たちに手を差し伸べる側、たとえば弁護士の方が向いているのではないか、と言われました。それまで、私は弁護士ってものすごい頭の良い人がなる職業だと思っていたので、自分には縁遠いものだと考えており、なりたいという意識はありませんでした。でも、尊敬する記者さんに言われた言葉が心に響いて、弁護士を目指したいという気持ちになり、紆余曲折を経ながら10年くらい司法浪人をして弁護士になることができ、今にいたります。

木下 刑事弁護は、言ってみれば悪いことをした人たちを弁護するわけじゃないですか。そういった悪いことをした人たちを支援したいと思った契機はありますか。

菅原 司法試験に合格すると、全国各地に散らばって司法修習という1年間のトレーニングの期間に入るんですけど、私はたまたま奈良県に配属になりました。そこで、もうお亡くなりになったんですけど「更生に資する弁護」という弁護活動を提唱されておられた弁護士の高野嘉雄先生と出会いました。高野先生は「弁護士は法律に書いてあることをやるだけが仕事じゃない」「目の前に被疑者・被告人と呼ばれる人がいて、その人たちの人生は刑事裁判の後も続く。これからどうやって生きていきたいのか、その人の生き直しに関わってこそ弁護士なんだ」。高野先生は、「生き直し」という言い方をさ

れるのですけど、その生き直しをするプロセスに関わっていくのが弁護士の仕事だ、ということをおっしゃっていました。もともとジャーナリストを志望していた私にとって、ドキュメンタリーで個人の人生に光を当てたいと思っていたこととか、記者さんから困っている誰かに手を差し伸べる方が向いていると言われた言葉に、高野先生の薫陶がピタッとはまりました。高野先生は、被疑者・被告人 [→019頁] のことを弁護が必要な罪を犯した悪いやつという言い方はしません。「目の前にいるのはあなたと同じ人間で、より良く生きたいと思っているんだ」「より良く生きたいという願いを持っているあなたと同じ人間なんだ」という言い方をされるのです。それが私の中ですとんと落ちてきた感じでした。それで**情状弁護**とか、更生に資する弁護という活動を自分の職業、自分のライフワークにしていこうと思ったわけです。

情状弁護　検察官が主張する罪となる事実そのものに争いがなく、被告人も自分がやったことを認めている事件で、裁判では量刑（被告人に科される刑罰の内容）が争点となる事件。弁護人が被告人の情状（罪に至った背景や経緯、犯罪後の態度など）事実を主張・立証することから、情状弁護と呼ばれる。

木下　更生に資する弁護という手法は、刑事弁護に携わっている方だったら当たり前のように知っていることなのですか。

菅原　弁護士の中でも、刑事弁護を真面目にやろうと思っている人は比較的多くの方が知っているし、内容も理解していると思います。私が弁護士になったのは13年ほど前なのですけど、その頃は、たとえば高野先生のような弁護士の活動や思想は、その弁護士さんは熱心だからそこまでやるんだ、といった弁護士の個性として捉えられていました。弁護士が必ずやらなければならない弁護活動というよりはプラスアルファのものとして捉えられていたので、それをやるかやらないかは自由で、物好きな弁護士が個人の好みでやっていると捉える人もいました。

木下 ちなみに、その更生に資する弁護って、菅原さんの言葉で表現するとしたらどういった内容になるのでしょうか。

菅原 被疑者・被告人という立場に至ってしまった方が、これからどうやって生きていくのかをご本人と一緒に模索する。そこで何かご本人に支援や治療が必要であれば、どういった支援や治療が必要かを一緒になって考えたり、施設に繋げたりしていく弁護活動です。なぜそういうことをやるかというと、それが結局は裁判の情状立証、弁護側立証になるからなのです。刑事弁護というくくりでいうと、最終的には裁判での立証を目標にした弁護活動になるのかな、と考えています。

木下 その当時は、裁判が終わっても弁護士が被疑者・被告人に関わり続けていくというイメージですか。それとも、その裁判の中だけで行うイメージでしょうか。

菅原 メインはやはり裁判の中です。裁判の後で関わっていくというのは、手紙のやりとりとか、アフターフォロー的な関わりですね。それはもう本当にボランタリーとしてやるみたいな感じにならざるをえません。

「治療的司法」という哲学に出会う

木下 弁護活動が終わった後は、それまではボランタリーに弁護士がやっていたことが、ソーシャルワーカーなどの福祉職や医療機関に繋いでいく感じで、だいぶ変わりましたよね。

菅原 この10年でものすごく状況が変わりました。私も、更生に資する弁護からスタートしたのですが、早い時期に**治療的司法**という哲学を知り、その後はその実践に取り組んでいます。成城大学の指宿信教授[1]とお話する機会

---

1 治療的司法研究センター〈https://www.seijo.ac.jp/research/rctj/〉(2024年8月1日最終閲覧)〉。

があって、そのときに「あなたがやっていることは海外では治療的司法といって、裁判官が主体的にやっている」と教えていただきました。それまでは、弁護士がその人の属性や考え方で、属人的にやって、弁護活動に収まっていたものが、海外では裁判所で裁判官がやるんだ、司法全体でそういったことができるんだ、と可能性がバッと広がった感じでした。治療的司法というのは刑事手続の中で、被疑者・被告人という立場になった方に対して支援とかケアとか治療が必要であるときに、司法手続の中でそれらに繋いだり提供したりしていく。提供された資源によって事件の前には解決されていなかったさまざまな問題が解決されることによって、本人が司法手続が終わった後に、安全安心に暮らせるようになることを志向する活動です。そういったプロセスとして司法手続を捉えて司法哲学という言い方をされる方もいます。このような考え方やそれに基づいた弁護活動が、比較的若い世代の弁護士を中心に浸透してきている気がします。

> **治療的司法**　英語の therapeutic justice の訳語。刑事司法制度について犯罪を犯した人に対して「刑罰を与えるプロセス」と見るのではなく、「犯罪を犯した人が抱える問題の解決を導き、結果的に再犯防止するプロセス」と捉えようという考え方、すなわち治療法学 (therapeutic jurisprudence) に基づく司法制度を指す。

木下　そこから、治療的司法をどのように勉強されていきましたか。

菅原　まず、同じ志を持っている弁護士や研究者、福祉や心理の専門家が集まる研究会に参加させていただきました。司法の中で我々がどう関わっていくのか、どう繋がっていくのかということのケース研究をやったり、海外のレポートを読んだりして研究会の中で学んでいきました。研究会の仲間と、海外の施設や裁判所を見学したり、海外の学会であらゆる国の取組みを学ぶこともあります。あとは、「これは司法が担うべきことなんだ」「弁護士が1人で弁護活動でやることではなくて司法全体が考えていかなければならない

問題なんだ」と広報するため治療的司法をキーワードとして意識的に使うようになりました。

木下 その頃、治療的司法という概念を意識している人は結構いたのでしょうか。

菅原 実際には自分のやっている弁護活動が治療的司法であったとしても、ほとんどの方はそういう概念があるんだということをご存知ありませんでした。「もともとあった概念に名前がついただけ」と言う方もいらっしゃいます。だけど、もともとあったけど名前がついていない概念に名前がついてケースが蓄積することで治療的司法というものがだんだん形作られてきていると思います。

木下 概念化されていったほうがコミットしやすくなりますよね。何となく薄ぼんやりやっていたものが理論化されたり体系化されたりすることによって、自分がやっていることの目標が明確になります。

　先程、治療的司法は、事件の前に解決していなかった問題を解決する、とおっしゃっていましたが、それはその事件に至るあるいは事件を起こさざるをえないような追い込まれた状況を改善していくというイメージでしょうか。

菅原 まさにそのとおりです。事件そのものに焦点をあてると、その時なぜそれをやったのかといった、事件直前にある動機のお話に終始することになります。そうではなくて、なぜ事件を起こすことになったのか、その背景には何があるのかというところに思いをいたしていくと、ご本人が抱えていた悩みであるとか、苦しみであるとか、環境であるとか、いろいろな問題が浮きぼりになってきます。その問題解決の仕方としては間違った解決なのだけれど、犯罪的な事象を選んでしまう、選ばざるをえない、そういうことが多々あるわけなんです。そうなってくると、放置されていた背景の問題について本人がどうしていきたいのか、周りの人たちには何ができるのかということを考えていくことによって、犯罪に追い込まれていた状況から本人が離れることができる、そんな可能性が出てきます。そして、本人が抱える問題

から離れることで、犯罪に至らなくても生きていけるような生き直しがようやくスタートしていくイメージですね。

木下　元来、人は環境にとても影響されやすく、人と環境との相互作用によってさまざまな生活方法が出てくるわけです。そういったプロセスの分析方法が考えられて100年くらい経つのですが、その間に多くの方法論が蓄積されてきています。弁護士の皆さんは、どういった理論、考え方、哲学、技術を使っているのでしょうか。

菅原　弁護士になる養成過程で治療的司法的なことを学ぶ機会はまったくと言っていいほどほとんどありません。法律や裁判例を学んで弁護士になるわけですけど、いざ弁護士になってみると、目の前の困った人やピンチな状況に陥っている人に対応しなければなりません。そこで、初めて弁護士はやっぱり対人援助職なんだ、と驚く瞬間がありました。

　弁護士になった後に対人援助であることを意識した新人研修があります。ここでは、法律相談に来られた方にどういった振る舞いをするのか、名刺を出して座るタイミングといったことまで教わりました。ただ、こういう形式的なことだけではなく、新人研修を大きく変えていかなければならないと思っています。弁護士たちは対人援助職であるのだから、弁護士が弁護士に教えるのではなくて、心理の専門職や福祉の専門職などの他の専門家が対人援助職というものを教えるということが必要なのではないでしょうか。

　私自身を振り返ると10年で変わってきたことの中には、弁護士が対人援助の側面があるということを理解したうえで、事件や治療的司法の研究会を通じて出会う心理や福祉の専門家から教えていただくことの多さ、つまり、対人援助職の人たちの知見が弁護士である私たちに必要なんだ、ということがわかったんです。弁護士として、どういった対人援助の知識が必要なのか、障がいというのはそもそもどういうものか、メンタルに問題がある方に対してどういう振る舞いをするべきなのか。福祉や心理の専門家を呼んで研修するようになったのも、この10年なんです。

木下　以前までは、知的に障がいがありそうな人、発達に障がいがありそう

な人は口数が少ない人だなとかコミュニケーションが取りにくい変な人だなと捉えられていたのが、最近だとそういう方に拘置所や留置場で会うと、「これは福祉に繋いだほうがいいんじゃないか」と考える方がすごい増えてきたなと思います。

菅原 弁護士も対人援助の側面はあるけれども、自分たちの専門性の限界を認識したうえで、ほかの専門的な方に助力を受けることが必要です。弁護活動の中でも福祉や心理の専門家の方に助けてもらう意識が、若い弁護士を中心にこれからさらに高くなっていくだろうなと思います。

木下 この10年の変化のきっかけは何なのでしょうか。

菅原 犯罪に至る方々の中に、社会的な弱者と言われる方々が増えてきたことをまず挙げたいと思います。刑務所の再入率にも現れているとおり、高齢であったり、障がいがあったり、貧困であったりといった背景のある方が、何度も罪を犯してそのたびに刑務所に入っています。いわゆる弱者と呼ばれる方々が必要とする支援を受けられないことの結果として犯罪に至っているのではないかと思わざるをえません。私は、刑事弁護の国選事件を10年以上、メインにやってきましたが、目に見えて、障がいがあるとか、社会の中で困難や困り事に陥っていらした方の弁護が増えている実感もあります。たとえば、物心が満たされた状態で自分の欲望のために短絡的に犯罪をやっているという人には、ここ数年はほとんど会っていませんね。だから、本当に支援が必要な方が犯罪に至ってしまっているのではないかと言えるのです。それは、私だけじゃなくて多くの弁護士がそう感じているのかもしれません。

ある依頼者のケースから得た気づき

木下 お話をうかがっているとソーシャルワーク的な**環境調整**をしようというものですね。今まで、治療的司法を使って関わった方でうまくいったケー

スをお聞かせください。

菅原　いろいろなケースがあるのですけど、今お話をしているのは私の事務所ですが、そこに飾ってある絵を描いた方の話をしようと思います。その方は、工場で休憩用に置いてあるお菓子を盗ったという事件で捕まり、**常習累犯窃盗**の罪に問われた方です。

　私は、その方に国選弁護人として会ったのですけど、その方は20歳前後くらいからずっと刑務所を出たり入ったりしていました。刑務所を出て数カ月でまた窃盗事件を起こして刑務所に入るということを繰り返して、50代になって私の目の前に現れた方です。初めに会ったときに、その方は大げさな言い方ではなく本当に子犬のように震えていて、怪我をしていました。「ど

うしたんですか」と聞いたら、物を盗った後にそこで捨てられていたタバコの吸い殻を吸おうとしていたところ、家主に見つかって木刀で殴られたのです。そして、家主の飼い犬にも噛まれているのです。この話を聞いて、お菓子を盗ってシケモクを吸おうとしていたんだから、そのくらいされたってその人が悪い、と思う人もいるかもしれません。ただ、私はその人のボロボロに傷ついた様子を見て、弁護士というよりも人としていたたまれなくなりました。たとえば、30年も刑務所に入っている人と聞いて思い浮かぶイメージは、いかにも極悪人というような風貌を想像する方が多いかもしれません。しかし、私の目の前にいた人はとても痩せていて本当に弱々しい方でした。当初は私ともろくに話をしてくれない、人を信じていない感じでした。

　ただ2回、3回と会いに行くと、ぽつぽつと話してくれるようになりました。その語り口に、私はまるで少年と話しているような印象を持ちました。幼さを感じさせる語りに、知的障がいがあるのかなと疑いました。彼の生育

歴を少しずつ聞き始めると、今でいう特別支援学級にいらして、そこを出た後仕事をしたけれども、職場でいじめられて、職を失った後に再就職ができず、窃盗を繰り返して捕まる人生が始まっていたわけです。服役を繰り返す間に家族や兄弟とも縁遠くなり、連絡が取れなくなっていました。

常習累犯窃盗　繰り返し窃盗を行う犯罪者が累犯として認定されることを指す。累犯とは、一定期間内に再び犯罪を行った場合に適用され、常習累犯窃盗の場合は、過去に窃盗罪で有罪判決を受けた者が再度窃盗を行った場合に該当する。こうした犯罪者は、一般的に再犯のリスクが高く、社会に対する危険性が大きいと認識されているため、刑法56条に基づき、累犯の加重規定が適用される。これにより、同じ罪であったとしても初犯者よりも重い刑罰が科せられる。常習累犯窃盗の背景には、貧困や依存症などの社会的・経済的問題が多く存在するため、刑事司法だけでなく、福祉や社会支援の観点からのアプローチも重要である。再犯防止には、刑務所出所後の支援体制の整備や、就労支援、住居の確保などの包括的な支援が必要である。このように、常習累犯窃盗は、繰り返し窃盗を行う者が累犯として厳しく処罰されることであり、その背景には多くの社会的問題が存在するため、自由を奪い罪を振り返らせて反省させるという日本の伝統的な刑罰の考え方ではなく、社会で継続して生活していくための知識や技術を身につけるような総合的な対策が求められる。

木下　いつの事件ですか。

菅原　今から6〜7年前の事件です。ちょうどその頃に検察庁が福祉職の方と連携を始めて、**入口支援**や**出口支援**をやり始めたころだったので、検察官にこの方はまさに入口支援の対象者だと連絡したところ、まったく相手にしてもらえませんでした。反対に検察官からは「こんなやつのために何をするんですか」といった対応をされて驚きました。それで私は地域の社会福祉士さんに泣きついて、その方から検察官に対して「この方は知的障がいの疑いがあり、支援が必要である」と言っていただきました。でも、検察官には受

け入れられずに、結局起訴されてしまうのです。起訴されると、常習累犯窃盗は法律で定められている刑が重く、3年以上刑務所に入らなければならない。起訴されて非常に気落ちしたのですが、検察官が裁判の証拠として請求した書類をコピーしてみたところ、その中に前回の裁判の判決書があったんです。そこには、ホームレス支援団体の方の証言がありました。支援団体の方は「この人は支援が必要で、私たちが支援します」と証言した内容が書いてあるわけです。「あれ、前回の事件の弁護士さんが支援者に繋げようとしていたのに、出所後なんで支援団体に繋がらなかったんだろう」と思いました。すぐに前回担当された弁護士さんに電話をしたら、その弁護士さんもびっくりして、「あれ、その支援団体に行ったものだと思っていました！」「何で行けなかったの？」という話になったのです。本人にあらためて聞いてみると、「刑務所から支援団体に手紙を書いたけど、返事が来なかったのでもうダメだと思った」と言うわけです。それで行かなかったと。他方で、支援団体の方は「本人からの手紙は届いてない」と言っていて、行き違いがありました。

> **入口支援・出口支援**　入口支援とは、犯罪をした者が司法手続に入る前段階で提供される支援を指す。具体的には、逮捕や起訴の前に行われる生活指導や必要な社会資源の紹介などが含まれる。この支援は再犯防止や社会復帰のための基盤を整えることが目的である。一方、出口支援とは、刑務所や少年院などの矯正施設を出所した後に提供される支援を指す。具体的には、就労支援や住居の確保、社会生活の再適応を助けるための各種プログラムやサポートが含まれる。この支援により、出所者が円滑に社会に復帰し、再犯をしない生活を送ることを目指す。

木下　支援団体に繋がらなかったのは、関係者同士の連携がうまく機能していなかったのでしょうね。福祉関係者や支援機関がもっと効果的に情報共有や協力を行うことで、彼のような方が孤立することなく、適切なタイミング

で必要な支援を受けることができるようになるし、現に他職種間の有機的な連携の重要性が強調され、進められてきています。

菅原 このようなエピソードが重要なんです。この方は、刑務所から出た後、自力でつまり１人で支援団体に繋がることは難しい方なんだなということがようやくわかったわけです。そこで、その支援団体の方も、今度こそ繋がろうと言ってくださり、「もう１回自分たちがちゃんとやります」と動いてくれました。**法律上実刑しかつかない事案**なので、裁判官は有罪の判決を下すしかなく、実刑になって刑務所に行くことになるのですが、服役中は私とその団体の方が本人と手紙のやりとりをすることになりました。今度こそ行き違いがないように、手紙の頻度と相手を増やしたということです。刑務所でも特別調整という支援を受け、支援団体の方が身元引受人になってくれて、出所したときには必ず誰かが迎えに行くというところまで段取りしました。出所するときには刑務所の福祉専門官の方や施設の方が来ることのできる最寄り駅まで送ってくれて、今度は無事に支援団体の施設に繋がることができました。この方はその後再犯をすることなく、生活保護を受けて地域に定着し、障害者手帳を取得して、穏やかに暮らしていらっしゃいます。

> **法律上実刑しかつかない事案** 刑法25条では、罪を犯して有罪判決を受けてもその刑の執行が猶予される場合が規定されている。たとえば、同条２項では「前に禁錮以上の刑に処せられたことがあっても、その執行を終わった日又はその執行の免除を得た日から五年以内に禁錮以上の刑に処せられたことがない者」という条件がある。つまり、刑務所から出所した人は、その出所から５年以内は、情状にどんなに酌量すべき事情があっても法律上執行猶予が付されず、必ず実刑となる。このように執行猶予の条件を満たさない事案を、法律上実刑しかつかない事案という。

木下 刑務所を出た後に福祉や地域の支援としっかりと繋がることができなければ、再び犯罪に至ってしまう危険性が増してしまいます。特に、社会と

の接点を失った人々が、どこに助けを求めてよいかわからず孤立してしまうことが問題です。そうした人々が再び社会の一員として生活を立て直すためには、出所直後のタイミングで福祉や支援組織との繋がりを確保することが不可欠です。あと、支援において重要なのがその人の強みを見出し、関わりや支援に生かしていくことなんですよね。いわゆるストレングス視点、というやつですね。

菅原 彼は知的な能力はやや劣るのですが、絵を描くことがとても上手で、刑務所にいるときには私が飼っている猫の絵を描いて送ってくれるようにほのぼのと交流ができる方でした。いろんな方と繋がって、1回繋がったものが切れたとしてもまた繋がり直して今に至っているわけです。もっと前にこういう取組みができていたら、ご本人は私が出会うもっと前に服役を繰り返す人生から離れ、社会の中で絵を描いて穏やかに暮らせていたのではないか、このような社会全体に対する後悔に似たような気持ちが私の中では今も残っています。その方だけではなくて、同じような人はたくさんいると思います。治療的司法的な活動は社会にとって必要であり続けていくべきだと思うケースでもありました。

司法と福祉をどう繋いでいくか

木下 そもそも福祉に繋がっているべき人が繋がっていなかったということが、一番の問題なのでしょうね。

菅原 刑務所に入ることで社会と分断されてしまいます。分断されてしまうと、福祉やその他の支援者を含め、あらゆる人たちとの縁が切れてしまう。本人自身でまた繋がれる方はいいのですが、先ほどのケースのように誰からも見つけてもらえない、支援に繋がることができないまま再犯を繰り返すという悪循環になるわけです。刑務所の中に入ったことで、地域や親族と繋がりが切れた方をもう一度福祉に繋げるということは、相当な努力と意識が必

要になります。特に、刑務所側と刑務所から出た方を受け入れる側に課題が山積しているなと思います。

木下　受け皿がまだ少ないっていうことですか。

菅原　受け皿が少ないという問題もありますが、たとえば受け皿となっている施設が得意とする分野に合わないケースもあります。別の刑務所の福祉専門家の方と電話でやりとりしたケースがあって、重い精神の障がいがある方の支援について相談していたケースがあります。地域生活定着支援センターからは、「その方はアディクションだからアディクションの支援施設に入らないのであれば面倒を見ることができないと言われた」と聞きました。その方は繋がる先を限定して提案されてしまったことで不信感を持ってしまって、出所時の支援がうまくいかなくなってしまいました。

木下　地域生活定着支援センター［→106頁］ができて、10年が過ぎましたが、単純窃盗や詐欺といった比較的軽微な犯罪で捕まった人たちの受け皿はだいぶ広まってきたと感じています。ただ、精神的に重い障がいを抱えている人で他害行為、たとえば、放火や性犯罪を犯した場合にどう支援していくのかという課題があがってきています。あと、10年制度を運用するうえで制度の歪みも少しずつ見え始めています。そこをどのように修正していくか、これから検討を進めないといけませんね。

菅原　私の依頼者も、地域生活定着支援センターとのやりとりの中で、辛い思いをしている方がいます。ミスマッチが起きないように、もう少し選択肢が増えればいいのですが。私たちの側ももっと選択肢を増やすためにアクションを起こして、さらには繋がる先や繋がり方そのもののバリエーションを増やすなど、繋がりというものがもっと柔軟になることが必要なのかなと思っています。

木下　地域生活定着支援センターや入所施設、病院といった、福祉側の課題が大きいなと感じました。治療的司法という概念があることを、もしかしたら、犯罪に至った人たちの支援に携わっているソーシャルワーカーたちが知らないかもしれませんね。そういった意識を持った弁護士がいるというとこ

ろから、お互いの専門性を認め合いながら、連携を構築していくことが必要ですね。

菅原 個々人でやっている、1単位で繋がっているところからもう少し俯瞰する必要があるように思います。ケース1単位について急ごしらえで繋がる時代から、ある程度お互いに顔が見えている、お互いがどういう専門性があるということが見えたうえで、ケースに合わせて連携できると支援の裾野が大きく広がりますね。

木下 司法と福祉の連携を1つのケースごとにオーダーメイドでやっていく現状から、もっと体系立ててやっていく局面になってきています。すると、治療的司法という言葉が福祉職を遠ざけている感じがします。福祉職は自分たちが治療者ではないということに50年くらい前に気づいて、そこから環境調整という点に焦点化して、軸がぶれないようにしてきた歴史があります。「治療」という言葉が入ってくると、福祉職の領域ではないのではないかと無意識のうちに考えてしまうのかもしれません。でも、治療的司法は弁護士と福祉職が二人三脚で一緒にやっていく感じじゃないですか。まさに環境調整ですよね。

菅原 治療的司法という言葉はセラピューティック・ジャスティス（Therapeutic Justice）の訳語なんですが、治療的司法と訳さずにセラピューティック・ジャスティスという言葉のままでも良かったかもしれません。そういう意味では看板をどうするかという問題は課題としてあります。ただ、治療的司法という言葉の方が、まだ裁判官受けは良いように思います。私が裁判で経験したことを前提にお話しすると、残念ながら今の日本において、裁判官は福祉や心理の専門家に対する専門性の理解は低く、扱いも精神科医より下に見ている感じがします。たとえば、心理士さんが学習性無力感という心理学の用語について説明したときに、裁判官が、「あなたは心理士であって精神科の医師ではないので専門的なこと言わないでください」と止められたことがありました。そのような現状では、医師を連想させる「治療的」という言葉は、裁判官にとってなじみやすいワードチョイスだったのではな

いかという気もしています。もっとも、このワードチョイスをしている限り超えられない壁があるんじゃないかということは、シビアに考えていく必要がある、とあらためて思っています。

木下 放っておいても裁判官は、心理職や福祉職の持つ専門性を主体的にみずから理解しようとしませんよね。おそらく心理職や福祉職がみずからの専門性をもっと全面に出していかなければならない気がしますね。裁判官にはまだ届いてなかったとしても、少なくとも検察は変わったじゃないですか。たとえば、入口支援で社会福祉を行うように、今、検察でアドバイザーとして関わっている心理職や福祉職はいっぱいいます。もしかしたら、検察の人たちはより良い仕事ができるようにするために、専門職の必要性を考えたうえで、みずから心理や福祉の専門性についての情報を取りに出たのかもしれません。心理や福祉の専門家たちも裁判官にどうやってみずからの専門性や役割を理解してもらって、その専門性がどのように被疑者・被告人に作用するか訴えていかないといけませんね。

菅原 裁判官の意識を変えるためには、私は法改正が必要になると思っています。「やったことを裁けばいい」という発想では現状の問題解決になっていないということを直視したうえで、裁判所が問題解決のあり方として、今の刑事司法が正しいのかということを直視していかなければならない局面に入っています。

「自己責任」という言葉で片づけない

木下 その問題意識は、菅原さんが刑事弁護活動の現場でやってきた中で培われたものなのですよね。絵空事ではない現実に起こっていることに対して働き掛けていかなければならないと。

菅原 日本では、ある裁判官が担当して実刑になった人がまた同じ罪で目の前に来たとき、堂々と「私は以前あなたを担当したんだよ」と言うわけです。

そして、「あのときやらないと言ったのに、なんでまたやったんだ」とお説教したことがニュースになりました。私は笑い話だと思うのですけど、自分の裁判が問題解決できていないということを、この裁判官はわかっていない、いつまで司法が問題解決できていない現実から目を背けて個人に説教しているんだろうな、と。

　悪いとわかって悪いことをしたから罰する、罰を与えたら懲りてやめるという人間観をいまだに司法は持っているのではないでしょうか。人間がどのように行為選択、行動選択をしているのか、環境がどういった影響を与えているのかなど、精神の分野も、心理の分野も研究が進んでいるにもかかわらずです。問題解決を担っている司法がいかに問題を解決できてないかということを司法が気づかないと。でも、思考停止している裁判官は、絶対に自分たちでは気づけないはずです。だから、法改正を求めたり、治療的司法という概念をしつこく訴えたりしていかなければなりません。

木下　裁判官だけじゃなくて日本全体と言ってもいいと思うのですけど、犯罪に至ることに対する自己責任論から脱却できていないのではないでしょうか。ノルウェーのニルス・クリスティ（Nils Christie）という学者が、1970年代に犯罪に至るのは自己責任というよりも、環境によっては、社会の中で生きていくスキルが脱落していることがあり、犯罪に至ると言っています[2]。日本の刑務所は、自由を奪って閉じ込めて、社会から分断して反省させる。もう二度とこんな所に行きたくないというような思いをさせて出せば、再犯に至らないだろうという考えがおそらくベースにあるのではないでしょうか。この考えが変わらない限りは、現状は変わっていかないだろうと思います。治療的司法の観点から考えると、そういったことが望まれるということはあ

2　ニルス・クリスティ著（平松毅＝寺澤比奈子訳）『人が人を裁くと―裁判員のための修復的司法入門』（有信堂高文社、2006年）、NHK「未来への提言『犯罪学者　ニルス・クリスティ〜囚人にやさしい国からの報告』」（2009年10月25日放送）〈https://www.nhk.or.jp/archives/chronicle/detail/?crnid=A200910252010001301100（2024年9月12日最終閲覧）〉。

りますか。

菅原 裁判官のみならず日本人の多くが自己責任論をベースに生きているのだろうなと思うことがあります。たとえば、犯罪報道における Yahoo!ニュースのコメント欄で厳しいことを書いている人がいます。彼らは、自己責任論でみずからも厳しく縛られていながら日々いろんなことを我慢して、一生懸命生きている人たちなんだろうと思うのです。だけど、結局、自己責任論を人に強いれば強いるほど、自分の首が絞まっていくわけです。私たちはどこまで自分の首を絞め続けるのかという話なんです。自己責任論を唱える人ほど、自分を自己責任論で縛っているのではないでしょうか。自分は絶対に捕まることはないし、そもそも犯罪者になんかならないと思っているはずです。私の依頼者でも、たとえば殺人や強盗といった、みんながびっくりするような罪名で捕まっている人も、「まさか自分が人を殺すなんて」と言うわけです。だから、自分は絶対に弁護士の依頼者になんかならないと思っていても、いろいろな不幸のめぐり合わせで犯罪に至るという可能性があるのが社会だと思います。そうなったときに、それまで自分が人に向けていた厳しい自己責任がまさに自分に課される日が来ます。でも、思考停止しないと生きていけないような環境にいると、思考停止するという防御が身についてしまいがちです。そうなると想像力を働かせられなくなってしまいます。自己責任も、本当に自己責任かなと考えると、違うこともたくさんあります。でも、そうするとどんどん自分で考えなければならなくなる。自分が正しいと思ってすがっていた自己責任論は違うんじゃないかと、どんどん考えなければならないことが増えていく。思考停止で生きてきた人にとって、考えることが増えていくことはおそらく辛いことでしょう。安全に考えられる場所とか、安全に誰かと話しができる場所が、社会に少ないのが原因のひとつではないでしょうか。

木下 菅原さんのおっしゃるとおり、自己責任論に縛られて生きることが、実は自分自身を苦しめることに繋がっているというのは、非常に考えさせられるポイントです。自己責任を他者に厳しく適用することは、一見すると社

会の秩序や正義を守るように見えますが、それが自分に返ってくる可能性があることを考えると、その厳しさが本当に正しいのかどうか疑問を抱かざるをえません。特に、日本社会においては、犯罪者に対して非常に厳しい目が向けられる傾向がありますが、それが本当に公正な判断なのか、あるいは単なる思考停止の産物なのかを考えることが必要です。菅原さんの指摘するように、社会における安全で安心な対話の場が少ないことが、こうした自己責任論の広がりを助長しているのかもしれません。考えることを避け、簡単に答えを出してしまう傾向が強い環境では、他者に厳しい目を向けることが自己防衛の一環となりがちです。

　だからこそ、社会全体で安心して話し合える場を増やし、自己責任論に縛られず、他者を理解し支え合う風土を醸成することが大切だと感じます。そうした場が増えることで、自己責任論に依存しないで生きられる社会が少しずつ築かれていくのではないでしょうか。それが結果的に、犯罪や依存症の再発防止にも繋がる重要な要素となるように思います。

菅原　私はいろいろな依存症の方の弁護を多くやってきました。依存症の方々は自助グループ［→058頁］という集まりに行くことがあるのですけど。そこは安全安心な場所として、相手を否定しないというルールの下で、プライバシーや秘密が守られた状態で自分が思っていること、悩んでいること、困っていることを自由に話すことができます。私は、自助グループのミーティングに参加すると、必ずうらやましいという気持ちがわいてきます。守られながら自分の弱さを話す機会が、私たち社会の中にはありませんよね。裁判官も検察官も、たとえば軽く愚痴をこぼすことはあったとしても、自助グループのように徹底して安全安心に自分を出せる機会はないのではないかと思います。息苦しい社会で、あらゆるしがらみの中で思考停止しながらなんとか生きている人たちに変わってもらうとしたら、たとえば自助グループのような安全安心なコミュニケーションの場が社会の中に増え、そして、誰でもそこに繋がることができるようにしていくしかないのかもしれません。だから私は、依存症の人たちには、「みなさんが安全安心に人とコミュニ

ケーションできるという自助グループで培ったスキルを社会の中でぜひ活かしていってください」と伝えています。

木下 犯罪に至るまでのプロセスとして育ってきた環境やどういった出来事があったか、どういった傷つき体験があったのか、そこからトラウマを抱えるようになったり、自己肯定感が低くなる経験をしたり。そういったところから犯罪が生まれているのだろうなと。それは、本人の強さはあまり関係がなくて、どういった環境に置かれるかの運の要素が大きいですよね。

菅原 司法は変わってはいけないものではない、と私は思っています。そのときそのときの社会のあり方と、そのときそのときの人たちの価値観や営みに合わせて問題解決の仕方が変わることは、むしろ自然なことじゃないですか。司法が社会の中で問題解決を担っているのだから、常に問題解決をする方向に変わるべきです。

犯罪者でいたい人はいないということを前提に考えると、やりたくはないけど犯罪に至ってしまった人が、これから先も犯罪に至らずに生き直していく。ただ、それを社会の側から見ると、まさに再犯防止なんです。だから、私、再犯防止という言葉を嫌がる人はたくさんいますけど、再犯したくないと一番願っているのはご本人だと思っています。まさに、そこが今求められている問題解決の大きなテーマではないでしょうか。

本人が生きたいように生きられる。ホームレスのように漂って生きていくということが最も自分らしいという人がいるかもしれません。それに対して「間違っている」と言うのもおかしなことです。我々が価値観を押しつけたり、そこから外れて犯罪に至ったときに自己責任という言葉だけで片づけたりするのではなくて、ご本人がご本人として生きたいように生きる。そして、犯罪をしなくても安全安心に社会の中で生きていけるというのが問題解決なんじゃないかなと思います。

　ドラッグ・コート（薬物専門の裁判所）は1989年にフロリダ州マイアミ市から始まった。犯罪行為として表に出てきてはいるが、その1人ひとりが何かしらの社会的な問題を抱えていて、それらにはまったく光が当たらずに生きづらさを抱えていたがゆえに犯罪行為に至ったというところで初めて他人が知るということが多い。ドラッグ・コートをはじめとする問題解決型裁判所は、こういった被疑者・被告人となった人の抱えていた社会問題に光を当てて、それを解決することで再犯や次の逸脱行動を防いでいくという取組みであった。伝統的な刑事裁判とは異なり、問題解決型裁判所ではチーム体制によるコラボが最も重要視される。裁判官も検察官も弁護士も刑事裁判で求められる最低限度の役割をそれぞれ担うが、彼らのゴールとなるのは被告人の薬物を使用しないでも生きていけるという生活の獲得であって、それに向かって協力し合う。そのため、刑事裁判の運用そのものに大きな変革をもたらしたが、最も変化したのは裁判に参加する人たちの役割の変化である。ここに新たに参加することになったのが薬物使用者の回復施設スタッフであったり、ソーシャル・ワーカーである。裁判官や検察官の凝り固まった法学的な頭では理解しがたい被告人の行動も、新たに加わったスタッフたちが見事に解説をしていくのだ。

　筆者が初めて問題解決型裁判所を訪問したのは2003年だった。想像を遥かに超えた裁判形態にわからないことだらけだったが、一番理解が難しかったのは、裁判官の机にもたれかかり、被告人の証言台と行ったり来たりして裁判官

を叱りつけているオバちゃんだった。「あのオバちゃんは何者やねん」これが最後までわからないまま初めてのドラッグ・コート傍聴は終わった。終了後に案内してくれた人に訊ねた。「あの人は何者ですか？」と。「あぁ、あの人はソーシャル・ワーカーです」という当時の日本の法廷では聞いたこともない職種の人であった。繰り返される被告人の嘘に怒り出す裁判官や検察官、それを嗜め逆に叱りつけるオバちゃん。そして、嘘を繰り返す被告人を叱りつけるオバちゃん。かなり異質な存在に感じたが、法廷にいる人たちはそれぞれのプロフェッショナルを尊敬し、尊重しあっていた。こういったコラボが新たな社会問題を解決していくのであろう。

（丸山泰弘）

3 章

「薬物依存」×「当事者スタッフ」
＝安心できる場所で生きる

　渡邊洋次郎さんは、中学時代に薬物中毒となり、複数回の警察逮捕や鑑別所入所を経験した。その後も少年院での生活や、精神科病院への数多くの入退院を経て、最終的には刑務所での服役生活を送ることになった。30歳を過ぎた頃から依存症からの回復を目指し、自助グループへの参加や就労支援を受けるなかで、みずからも支援者としての道を歩み始めた。現在は地域の支援ネットワークを活用し、依存症者の社会復帰を支えるための啓発活動にも積極的に参加している。この経験は、依存症と闘いながら社会復帰を目指す人々にとって、貴重な教訓と希望を提供する。話を通じて、依存症支援の重要性やその具体的な方法について深く理解することができるであろう。

渡邊洋次郎
わたなべ・ようじろう

中学生の頃に薬物中毒になり、在学中に何度か警察に捕まり、中学卒業後、すぐに、鑑別所入所。４度の鑑別所入所を経て、16歳の終わりから18歳になるまでの１年間を中等長期少年院で過ごす。20歳から精神科病院への入退院が始まり、30歳までの10年間で計48回の精神科病院入院。30歳から３年間の刑務所服役。現在、刑務所を出て、酒や薬が止まり、15年１カ月。自助グループのミーティングへ行ったり、就労支援を受けたりし、リカバリハウスいちごで、６年前から正社員として働き、３年前の３月に通信制高校を卒業。５年前の３月介護福祉士受験も無事に合格。著作に『下手くそやけどなんとか生きてるねん』(現代書館、2019年)、『弱さでつながり社会を変える』(現代書館、2023年)。

自分を見つめ直す試みの場

木下　渡邊さんは、依存症の方々の生活訓練や就労支援を行なっている回復施設リカバリハウスいちご[1]の職員として働いていらっしゃいますが、そもそも、どうして依存症の方たちを支援しようと思ったのでしょう。

渡邊　最初から支援者になりたかったというわけではありませんでした。私自身も、アルコール依存症と薬物依存症の当事者で、利用者としてリカバリハウスいちごを利用していた時期がありました。私は20歳でアルコール依存症と診断されてから30歳まで入退院を繰り返していて、30歳からは3年間弱の間、刑務所に入っていました。出所後にリカバリハウスいちごを利用したいという話はしていたのですけど、いろいろと揉めてしまって、喧嘩別れのような感じになってしまい、**自助グループ**に通っていました。その後、36歳か37歳くらいの頃に再び利用者としてリカバリハウスいちごを利用するようになりました。銭湯の清掃、除草作業、内職などのリカバリハウスいちごが委託されている仕事をやっていくうちに、生活保護でもらっていたお金と同じくらいの額が稼げるようになりました。その頃が41歳、42歳だったのですが、将来に対する不安から安定した仕事に就きたいと考えて、5年半くらい前から職員として勤務するようになりました。

1　大阪府大阪市内と兵庫県尼崎市にある生活訓練・就労移行支援を行う事業所である。生活訓練（自立訓練ともいう）と就労移行支援は、障がいがある人が社会参加するための支援全般に及ぶ。生活訓練（自立訓練）は日常生活を遂行する能力の維持や向上を目的としており、就労移行支援は働く知識・技術の習得の支援や就職活動のサポートを目的としている。リカバリハウスいちごの特徴は、生活訓練・就労移行支援を行う事業所として登録されているが、これに加えて、依存症がある人たちを多く受け入れていることである。これは、他の障がい者支援を行う事業所では全国的に見ても珍しい。特定非営利活動法人いちごの会「施設紹介リカバリハウスいちご」〈https://ichigonokai.jp/facility/index.html（2024年7月24日最終閲覧）〉。

> **自助グループ**　同じ問題や困難を抱える人々が集まり、互いに支え合い、情報や経験を共有することで、問題解決や自己改善を目指す自主的な集まりである。メンバーは専門的な支援者ではなく、同じ状況を経験した者同士であり、相互支援を通じて精神的な支えや実践的なアドバイスを提供し合う場である。

木下　初めは不安も大きかったのではないですか。また、働くことへのイメージはできていましたか。

渡邊　就労経験が自分にはあまりなかったので、まったく知らない世界に飛び込んで働くといっても、イメージができませんでした。ただ、リカバリハウスいちごには利用者として関わっていたこともあったため、職員の方がどういった感じで働いているのか、とイメージはしやすかったですね。それに、**過去の話を隠さなくてもよい場所**だったこともあり、何よりも自分を支援してくれていた職員もいるし、利用者の方も仲間のような人たちが多かったので、働きやすいかなと思い、働き始めました。

> **過去の話を隠さなくてもよい場所**　元受刑者は社会復帰がしにくい現状がある。その理由として挙げられるのが以下の5点である。これらが重なり、元受刑者の社会復帰を困難にしている。
>
> ①偏見・差別（スティグマ）
>
> 　⇨ 受刑歴があることで、「怖い人」「危険な人」「いつ再度犯罪に至るかわからない人」といった本人に対する恐れや疑心を社会から持たれることが一般的である。そのため、雇用されることや住宅を借りることなど、社会生活を送るうえでの必要なニーズの充足が難しくなる。
>
> ②就労の困難
>
> 　⇨一般的に雇用主は、受刑歴がある人の雇用に抵抗を感じる傾向がある。また、刑務所での経験が一般的な労働市場で求められるスキルや経験と一致しないこともある。そのような状況改善のため、受刑歴など、過去に犯罪に関与したことがある人を積極的に雇用する「協力雇用主制度」が

ある。

③社会的繋がりの欠如

　⇨受刑中や刑務所での経験により、家族や友人との関係が損なわれること
　　が少なくない。これにより、元受刑者が社会復帰の際に支援を受けるこ
　　とが難しくなる。

④身元証明書や住居の問題

　⇨社会復帰のためには身元証明書や住居が必要であるが、刑務所など矯正
　　施設を退所した人は、これらを取得することが難しい場合がある。特に
　　住居を見つけることが困難になることが多い。

⑤資源の欠如

　⇨職業訓練、心理社会的支援、就労斡旋など、社会復帰に必要な社会資源
　　が不足していることがあげられる。

木下　ご自身から職員になれないかと相談したのですか。それともスカウト
された感じですか。

渡邊　リカバリハウスいちご以外のアルコールや薬物依存症の回復施設で、
当事者だった人が職員をしているということを聞いて、自分から職員として
働けないか相談しました。

　自分が働く前から、依存症の経験がある方が、依存症を持ちながらスタッ
フとして働いていました。私の場合は、特に「当事者スタッフ」ということで
はありませんでした。当事者スタッフとしてではなく、一般の職員としての
採用でした。依存症を持った者がスタッフになるには、いちごでは、お酒な
ど何かしらに依存する期間が5年、さらに依存したものを継続して5年やめ
続けている期間があって、自助グループと繋がっていることの2つが条件で
した。私は、この条件をクリアしたときに当事者スタッフになることを相談
しました。

　実際、私がリカバリハウスいちごで働き始めた頃もすでに依存症の経験の
ある職員の方もいらっしゃいました。辛いことがあって落ち込んだときに、

お酒を飲んだり、薬を使ったりせずにその不安を解消できるくらいの安定感は職員として勤務するうえで大切なことです。私はその条件をクリアしていたこともあり、職員として働くこととなりました。

木下　渡邊さんが職員として勤務されているリカバリハウスいちごは何人くらいの方が利用されていますか。

渡邊　1事業所につき約20名の方が利用しています。全体では6つの事業所があり、約100人の方が利用されています。私は大阪市住吉区の長居にある事業所で勤務していて、グループホームでも勤務しています。グループホームには、男女合わせて約35名の方が入居していて、生活全般のサポートを行っています。食事の提供、買い物の同行、通院の同行などが勤務内容です。

木下　日中の事業所はどんなことをなさっているのですか。また、利用者の方たちはどういうことをなさっているのでしょうか。

渡邊　私が勤務している事業所は、9時半から18時まで開所しています。多くの方が朝は事業所に来て内職をして雑貨などを作っています。そして、利用者と職員が一緒に昼食を作って、みんなで昼食を食べて、昼からは**ミーティング**を行います。依存症の回復施設ですので、自助グループのミーティングというよりも、事業所の中のミーティングをしています。ミーティングが終わってからは、内職したりするなどして、夕方にまたみんなで今日一日を振り返るミーティングをし、順次、自宅やグループホームへ帰っていきます。

ミーティング　ミーティングには以下のような効果が期待されている。

①共感と支援

　⇒自助グループのミーティングでは、参加者（以下、「メンバー」）が自身の経験を語ることで、互いの経験や感情に共感する場となる。自分以外のメンバーが、同じような悩みに直面していることを知ることで、自分のみが置かれている状況ではない、ということを認識でき、孤立感を減らす

ことができる。

②知識と情報の共有

　　⇨自助グループのミーティングでは、メンバーが自身の経験や知識を共有
　　　することで、他のメンバーが同様の課題に取り組む際の知識・技術を共
　　　有することができる。

③問題解決と目標設定

　　⇨自助グループのミーティングでは、メンバーが自身の問題や課題につい
　　　て話し合い、解決策を見つけるためのアイデアを出し合い、グループや
　　　自身の目標設定を行うことにより、自分の課題に取り組む方法を見出す
　　　ことができる。

④社会的スキルの向上

　　⇨自助グループのミーティングでは、コミュニケーションやリーダーシッ
　　　プなどの社会的スキルを向上させる機会でもある。他者と対話や協力す
　　　ることで、他者に共感したり、共同したり、コミュニケーションを図る
　　　能力などを向上させることができる。

⑤希望の共有

　　⇨自助グループのミーティングでは、メンバーが自身の成功体験や回復の
　　　過程の共有も行う。これにより、成功体験を聞く側は自身にも回復の希
　　　望を見い出すことができるし、成功体験を共有した側は、自己効力感が
　　　高まることなども期待できる。

木下　通所されている方はそれぞれ依存症を抱えているわけですが、どう
いった依存症を抱えた方がいらっしゃるのでしょうか。

渡邊　アルコール依存症の方が多いですね。リカバリハウスいちごは依存症
を専門に診ている病院と連携していることもあり、病院のスタッフである
ソーシャルワーカーの方と一緒に依存症の方が見学に来て利用に繋がること
も多くあります。また、何年も通われている方も多くいらっしゃいます。

木下　アルコール依存症の他にはどのような依存症を抱えた方がいらっしゃ

時間	プログラム
8:30	開所
9:30〜	朝ミーティング
10:00〜12:00	午前のプログラム
12:00〜13:00	昼食
13:00〜14:00	午後のプログラム
14:00〜15:00	各種ミーティング
15:00〜	夕方ミーティング
15:30〜17:00	フリータイム、自助グループ出席準備
17:00	閉所、自助グループへ

※　特定非営利活動法人いちごの会「施設紹介リカバリハウスいちご」〈https://ichigonokai.jp/facility/index.html（2024年3月22日最終閲覧）〉。

るのでしょうか。

渡邊　アルコール依存症のほかには、薬物依存症の方とギャンブル依存症の方が多いですね。薬物については、処方薬だけではなく、覚醒剤などの違法薬物を使っていた方もいます。

木下　刑務所から出てこられた方も利用されるのですか。

渡邊　そうですね。出所者の方も利用されています。服役中にアルコールの問題がある人がいたら、刑務所と連携して刑務所にうかがって本人と面談を行い、支援を受けたいという方がいたら、刑務所と連絡を取りながら、**仮釈放**の際に迎えに行って、リカバリハウスいちごを利用してもらっています。

住まいがない方にはグループホームを利用してもらいます。

> **仮釈放**　刑務所での服役期間中に一定の条件を満たした受刑者が、刑期満了前に釈放される制度である。仮釈放が認められるためには、まず、有期刑の場合は刑期の３分の１以上、無期刑の場合は10年以上を経過していることが必要である。また、服役中の態度が良好で、反省の意欲を示していること、更生の意欲があり、再犯のおそれが低いと判断されることが求められる。さらに、釈放後の生活基盤が整っていることも重要であり、住居や就職先が確保され、家族や支援者のサポートが期待できることが必要である。仮釈放中は保護観察官の監督下に置かれ、定期的な報告やカウンセリングの参加など、社会復帰を支援するための条件を守ることが求められる。

木下　この際、何か配慮していることや特別に行っている対応などはあるのでしょうか。

渡邊　アルコールの問題を抱えているけど**治療**を受けたことがない方には、依存症という病気を知ってもらうために、アルコール依存症を専門的に治療している精神科病院に行ってもらって、**教育的なプログラム**をまず受けてもらいます。依存症から回復していくのに何が必要なのか、依存症とはどういう病気なのか、ということを医療機関で学んでもらって、リカバリハウスいちごを利用してもらいます。

> **治療**　アルコールや薬物の依存症に関する社会の理解は、ここ十数年くらいで大きな転換を図ってきている。これまでは、アルコールや薬物依存症者に向けられる目は、本人が興味本位で開始し、その後そこから得られる快楽などに溺れた結果、逮捕され、実刑となり、これまで構築してきた社会的な立場などを失い、「もう絶対に手を出さない」と誓ったにもかかわらず、自身の意志の弱さにより再度、しかも何度も同じことを繰り返してしまう「自堕落で意思の弱い人」というような捉えられ方をしていた。しかし、薬物を摂取するに至るま

での生活歴を含めた経緯を知ることで、必ずしも享楽的で破壊的な考えから薬物摂取に至ったのではなく、辛い現実から逃れるための手段であったことに対する理解や、意志の弱さやモラルの欠如から再度薬物に手を出すのではなく、依存症という脳の疾患として理解されるようになってきている。また、健康増進やリスク軽減という公衆衛生の観点からも、依存症の予防や治療に対するアプローチが強化されてきている。つまり、依存症を個人の問題だけにとどまらず、社会全体の問題として捉えるようになってきていることも近年の特徴といえる。また、依存症が治療の対象という認識の向上により、薬物療法や心理的側面からのアプローチなどさまざまな方法が構築されてきた。それにより医学的治療へのアクセスが向上しているといえる。さらに、依存症に関する啓発活動や支援サービスがこれまで以上に広がってきており、依存症に苦しむ個人やその家族が適切な支援を受けられるようにもなってきている。ただし、このような捉え方はまだ新しく、現在は、過去の依存症の捉え方との過渡期にあるといえる。

教育的なプログラム　罪を犯した人に対する教育的プログラムには、さまざまな種類がある。まず挙げられるのは、犯罪者が自分の行動の原因と結果を理解することを目指す認知行動療法 [→154頁] である。この療法では、犯罪者が自分の考え方や行動を見直し、再犯を防ぐための方法を学ぶことができる。次に、職業訓練プログラムがあり、これは犯罪者が社会復帰後に安定した収入を得るためのスキルを習得することを目的としている。このプログラムでは、職業技術や労働市場での適応力を身につける機会が提供される。また、リハビリテーションプログラムも重要である。これは、薬物依存やアルコール依存などの問題を抱える犯罪者に対して、専門的な治療とサポートを提供し、依存からの回復を支援するものである。さらに、社会奉仕活動を通じて、犯罪者が地域社会との繋がりを再構築し、自己価値感を高める機会も提供される。これらのプログラムは、犯罪者が再び社会の一員として健全に生活できるようにするための重要な支援手段である。

木下 刑務所の中で何かしらの依存症があるのではないかと疑われて、リカバリハウスいちごに連絡が来るということですが、刑務所との関わりやネットワークがあるということですか。

渡邊 仮釈放中や刑の執行猶予で刑務所の外にいる方がその期間が終わるまでの間、社会で生活を送りながら保護観察所で行う月1回くらいのミーティングを継続的に実施しています。そこで行われている薬物再乱用防止プログラムに補助員のような立場で関わっていることもあり、刑務所とのネットワークができています。リカバリハウスいちごだけではなく、他の自助グループも来ています。

木下 ミーティングとはどういったことをなさっているのですか。また、ミーティングの目的は何になるのでしょうか。

渡邊 たとえば、薬物依存症の方の場合は薬物をやめて生きていくためのプログラムを、アルコール依存症の場合はお酒をやめてどう生きていくかについてのプログラムを行っています。ただ、特定の依存症に特化したものではなく、すべての依存症に共通するミーティングをしています。

木下 これはどのようなことを目的や目標にしているのでしょうか。

渡邊 自分の話をしたり、仲間の話を聞いたりすることで、それをきっかけとして自助グループに繋がってもらいたいという目的で行っています。たとえば、薬物依存症の方は**ナルコティクス・アノニマス**に、アルコール依存症の方は**アルコホーリックス・アノニマス**に、参加するように促しています。リカバリハウスいちごでは、ミーティングは自由に喋ることができる場所として設定していますが、法に触れるような話が出たときは面接みたいになってしまう可能性があります。ですので、そういう意味ではどこまでこのミーティングが機能しているのかなという疑問も持ってはいます。

ナルコティクス・アノニマス（Narcotics Anonymous） アルコールや薬物依存症の人の回復や支援を目的とした、世界的な自助グループ。特徴としては、独自の12ステッププログラムを提供している。この12のステップは、自己認識、

精神的な成長、自己受容、他者への奉仕など、回復プロセスを支援するための指針となっている。具体的な各ステップの内容は次のとおりである。① 我々は、アルコールやその他の薬物に対する無力さを認識した⇨我々の人生を支配していた依存症に対する無力感を認める。②我々は、それらの問題から解放される方法を見いだすために、自分自身を超えた高い力を信頼した⇨回復のために、より大きな力に頼ることを受け入れる。③我々は、自分の意志と人生をこの力に任せる覚悟をした⇨自己中心的な行動から離れ、より高い目的に従う意志を持つ。④正直に自己を見つめ、過ちを認めた⇨自己分析を通じて、依存症の要因や行動パターンを認識し、誠実に向き合う。⑤自分と他者、そして高い力に対して、自分の過ちを告白した⇨自己の過ちを他者や神に告白し、受け入れる。⑥自分のキャラクターの欠点を除去するために、この力に助けを求めた⇨自己改善と成長のために高い力に助けを求め、行動を変える意志を示す。⑦自分の誤った行動を訂正する準備をし、この力から助けを受け取るために、自分を開放した⇨誤った行動を正すために助けを受け入れ、自己の制御を高い力に任せる。⑧ただちに過ちを犯した者に対して、ただちにそのことを直すことを心に誓った⇨過去の行動によって他者に与えた害を認識し、それを修復するための行動を取る意志を持つ。⑨これらの人々を直接に害しようとしたり、実際に害を加えたりすることがないように、可能な限り行動を変える⇨過去の行動によって他者に害を与えた場合、その行動を訂正する意志を持つ。⑩自己分析し、過ちを認識したら、ただちにそれを訂正した⇨自己分析を継続し、過ちを認識したらただちにそれを訂正する意志を持つ。⑪この高い力から理解を求め、ただその力に自分の意志を変えるように祈った⇨高い力からの理解や指導を求め、自己の意志を高い力に従うように導いてもらう。⑫このメッセージを他の依存症者と共有し、その原則を自分の日常生活に適用した⇨回復のプログラムを他の依存症者と共有し、自己の日常生活に取り入れることで、他者への奉仕を行う。

アルコホーリックス・アノニマス（Alcoholics Anonymous: AA）　アルコール依

存症者が互いに支え合い、回復を目指すための自助グループ。1935年にアメリカで設立され、世界中に広がっている。アルコホーリクス・アノニマスのプログラムは12ステップの精神的な指針に基づき、ミーティングでの経験共有や、先に回復を進めている人が新しいメンバーをサポートする仕組みを通じて、依存からの回復を図る。非営利団体であり、匿名性と互助の精神が重要視されている。

木下 依存症の方々にとって、自分の経験を共有し合う場がどれほど大切かが伝わってきました。しかし、一方で、自由に話せる環境を作ることの難しさも感じられました。自身のことを赤裸々に話すときには、時として法を犯した話なども出てくることもありえますが、その話をしようとする場合、どうしても制約がかかってしまう。そのため、自分のことをすべて話すことが難しくなる、ということですね。

渡邊 保護観察所でやっているミーティングにも限界を感じることがあります。国の機関である保護観察所の場合、「ここでは正直に話してください」と言いながら、「話の内容によっては保護観察官の上司が面接をします」とも言われます。すると、そこでは何を言ってもいいという雰囲気にはなりませんよね。いずれにしろ、ミーティングでは自分のことを仲間の前で喋って、自分のことを振り返るということが一番の目的になります。

木下 「あの人も頑張っているから、自分もお酒を飲まないようにしよう」と聞いて励まされたり、「どうして自分は依存症を抱えるようになったのか？」と自分を振り返ったりする感じなのですね。ミーティングはどのような雰囲気で行われていますか。

渡邊 真ん中に大きな円形に近い四角いテーブルが置いてあるので、それを10名くらいの利用者で囲んで行います。人数が増えてくると、テーブルの横に座ってもらうので、きれいな輪になれないような人数の時もあります。

木下 ミーティングでは具体的にどんなお話をされるのですか。

渡邊 いろいろなミーティングの種類があるので、種類ごとによってその内

　容は違います。たとえば、テーマを決めて、自分の抱えている依存症の問題を話すミーティングもあれば、月に1回誕生日のお祝いをしたり、自分の生活や趣味の話をしたりすることもあり、その内容は多岐にわたります。あとは、今後のレクリエーションではどこに行くか、新しいプログラムを入れていきたいといった、事業所の運営そのものを利用者さんにも一緒に考えてもらっています。リカバリハウスいちご全体の方針を全体で話し合う会議には利用者の方にも参加してもらっています。

木下　レクリエーションって、実は回復にとってすごく重要なんですよね。身体を動かすことでストレスを軽減したり、自然と触れ合うことで精神的なリラックス効果があるっていうのはもちろんなのですが、それだけではなくて、依存症からの回復には、生活リズムを整えたり、社会との繋がりを回復するという意味でも役立ちますよね。たとえば、グループ活動を通じて他の人とコミュニケーションを取ることは、孤立感を減らして、自己肯定感を高

める効果があるともいわれています。心身のバランスを保つためにもレクリエーションは非常に重要なのですが、いちごでは具体的に、どんなレクリエーションが行われているのでしょうか。

渡邊 海に行ってバーベキューをしたり、桜が咲く時期にウォーキングをしたり、一泊旅行をしたり、サーカスを見に行ったり、畑を耕したりするなど内容は多岐にわたっています。その他にも無料で体育館を借りられるので、これは障害者スポーツセンターのためなのですが、そこで20〜30人でボーリング大会をしたり、フットサル大会をしたりしています。リカバリハウスいちごの利用者は、かなり根を詰めて仕事をしていますので、レクリエーションの機会はとても大切であると感じています。

木下 アルコール依存や薬物依存によって犯罪に至った人たちにとって、どのようなことが大切とお考えですか。

渡邊 ミーティングの中で共有する内容も当然大事なのですけど、生活のリズムを作るということがより大切であるということです。朝にリカバリハウスいちごの事業所にやって来て他人と同じ空間で過ごして、14時から15時までミーティングをした後、自宅に帰る人もいれば、そこから自助グループに行く人もいます。今までの、薬を使ったり、お酒を飲んだりしていた生活から習慣を変えていくことがとても大事だと思っています。

支援者として何をするのか、何ができるか

木下 元当事者として、当事者の方の理解は深いと思います。ご自身の経験則から支援していると思いますが、一人ひとりバックグラウンドが違うので、難しいこともあるかと思います。そのような場合はどのようにカバーしているのでしょうか。

渡邊 最近は、資格を取り始めている回復施設の職員の方が増えています。今までは当事者という経験だけで支援できることもあったのですが、支援方

法が発達して複雑化しているため、今はどうしても支援者としての勉強をしないと、仕事を進めるうえで困難な状況に直面することが多くなっています。

　利用者の方の中には、お酒を飲んだり、シンナーを使ったり、結果、病院に入ったり、刑務所に入ったり、という当事者としての経験がある渡邊洋次郎に仲間として関わってほしいという方もいらっしゃいます。しかし、どうしたらリカバリハウスいちごを利用できるのか、生活保護のことを一緒に考えてほしい、一般就労までは難しいけど1日2時間くらいのお仕事はできないか、とその方の生活全般に関わることを調整することになると勉強が必要になってきます。

木下　具体的にはどういった勉強が必要になってきますか。

渡邊　主として、対人援助の勉強です。私は、依存症の経験はありますが、職員としてそこにいると、利用者が自分にさまざまな対人援助職としての専門的な関りを求めることを感じています。相談者や入所者に、その人の課題の緩和や解決に繋がる社会福祉制度の種類や内容、その申請や受給方法などの情報を提供するための知識、対人援助職の態度として必要な技術の勉強が必要となってくると考えています。

　また、外部の委託してくれている業者の方とやりとりをしながらシフトを組んだりする場合、元依存症者として関わることはあまり意味がなく、純然たる支援者としての仕事の側面が強くなります。なので、勉強をしたり、資格を取ったりしていかないと、仕事としては難しくはなってくるかなと感じています。私は、高校に通っていませんでしたが、2020年3月に通信制高校を卒業して、高卒の資格は取れました。また、ヘルパーと介護士の資格を取りました。ゆくゆくは大学や専門学校で学んで、資格を取りたいなと考えています。

木下　どのような資格をお考えですか

渡邊　たとえば、社会福祉士・精神保健福祉士、公認心理師、臨床心理士といった福祉や心理に関する対人援助に関する専門知識を有した資格ですね。

木下　渡邊さんの当事者としてのご自身の経験を語っていれば対応できると思っていたのが、このままでは十分ではないと思い始めたきっかけは何ですか。

渡邊　利用者の方の通院に同行したとき、**病院のソーシャルワーカーや精神科ソーシャルワーカー**の方とお話しするときに、私が、リカバリハウスいちごで支援者としてどう対応をしているかを話しました。その際に依存症の経験者という立場よりも専門家としての対応が求められることが多くありました。

病院のソーシャルワーカー・精神科ソーシャルワーカー　一般病院のソーシャルワーカーと精神科病院のソーシャルワーカーは、社会福祉の領域では区別されている。前者は医療ソーシャルワーカー（Medical Social Worker: MSW）、後者は精神科ソーシャルワーカー（Psychiatric Social Worker: PSW）と呼ばれている。ただ、病院を利用する人は区別する必要はなく、ソーシャルワーカーと捉えればよい。

木下　なるほど、そういった経験を通じて、資格を取得して専門的な知識を身につけようと思われたのですね。やはり、現場での経験や課題と向き合う中で、理論的な知識の必要性を強く感じられたのでしょうか。とても興味深いです。

渡邊　あと、驚いたのは、私がリカバリハウスいちごの利用者であったのに、リカバリハウスいちごをどのように利用したかをあまりよくわかっていないことでした。でも、実際に遠方からリカバリハウスいちごに入所してグループホームに入る方がいたときに、障害福祉サービスの窓口で障害者受給者証の申請をすることがあります。その際、地元の自治体で生活保護の申請をするのか、入居先であるグループホームのある自治体に申請するのか、制度的なことがわからないわけですよ。私自身も生活保護を受給していたのに、そもそも申請の仕方がわからない。

さらに、私は精神障がい者の保健福祉手帳を持っていて1級をもらっていたのですけど、3級より2級の方が、2級より1級の方が障がいの度合いが重くなり、支援の量も増えてきます。障害者サービスを受給するための利用者さんへの訪問調査に初めて同席したとき、私は、2級と3級のどちらが重いのか、軽いのかよくわかっていませんでした。そういったこともわからないと、利用者の方が望んでいたり、手伝ってほしいと思っていたりする支援ができないのではないかと思ったのですね。

　そういった当事者としての経験があまり機能しない仕事の場合、他の職員に負担がかかってしまうことになります。ですので、他の職員ができることのおおよそができる職員にはなっていかないとまずいのかなと感じています。

木下　他に専門性を増やしていかないといけないと思うことはありますか。

渡邊　私がゲストスピーカーとして大学でお話をしたときに、福祉の勉強をされている学生さんに対して先生が、「依存症や依存症者に対する個人的な感情や価値観は、あなたたちが大事にしたらいいと思います。ただ、ソーシャルワーカーとして何に価値を置くのかを考えてください」ということを話していました。たしかに、みんながみんな自分の感情で喋ってしまうと、依存症の方はひどいヤツで終わってしまいます。その先生の話を聞いて、自分が働くうえで何を大事にしていくのか、依存症の当事者としての経験だけではない、どのような価値を大事にしていくかということについて考えるようになりました。個人としての価値観と専門職・支援者としての価値観は、重なる部分も当然ありますが、きちんと分けて考えなければならないと思っています。

木下　ソーシャルワークの専門用語でいうと、**自己覚知**、というやつですね。自己覚知というのは、自分の価値観や信念、感情、偏見、経験などを客観的な視点から理解して、それが支援対象者との関わり方や支援にどう影響するかを考えることなんです。これを意識することで、自分のバイアスをちゃんと管理したり、感情をコントロールできるようになったりして、結果

として自分自身も成長しながら、支援対象者にとって本当に役立つ支援ができるようになるんです。

> **自己覚知**　対人援助職が、自分自身や自分の内面の状態、感情、考え、価値観、行動などについての認識や理解を持つことである。特に対人援助職に自己覚知が求められるのは、自己覚知ができていないと支援に大きな影響を及ぼすためである。たとえば、薬物依存症の人に対する偏見や差別意識がある場合、そういった意識を自分は持っていると認識していれば、そのような表情や言動が表層上に現れないように自己をコントロールすることができる。しかし、自己覚知ができていないと、無意識のうちに差別意識や嫌悪感が態度に現れてしまい、支援するつもりがかえって支援対象者を傷つけ、場合によっては、人権を侵害してしまうような言動に至ってしまうことがある。

渡邊　また、ヘルパーの講習を受けたときに気づいたことがあります。それまで私はヘルパーが利用者にとって良いと考えていることのすべてをしていると思っていました。しかし、実際は利用者の課題を考えたうえで、あえて手伝わないということもあったわけです。何でも良かれと思ってやるのと、本当にその人に何が必要なのかをみんなで共有しながらやるのかで結果はまったく変わってきます。

　支援される側がどういうことを考えているのか、どういうことを求めているのかということをきちんと把握したうえで、それに沿った支援が必要になる。良かれと思ってやることもピタッと当てはまる場合もあるのですが、本人が望んでいないのに、「あなた、こうしたほうがいい」というのは結局、**パターナリズム**的な介入ですよね。いわばお節介という場合があります。自分の支援者としての経験、それから当事者としての経験、といったことを踏まえたコミュニケーションを心がけています。

寂しさから犯罪、依存症に至る

木下 渡邊さんは当事者ということですが、いつどんなことをして、どういうプロセスで刑務所に入ることになったのでしょうか。

渡邊 初めては小学校2年生くらいの頃です。万引きをする手癖の悪い子どもでした。店員さんに捕まって怒られて、親を呼ばれることは日常茶飯事で、警察に逮捕されたのは中学生の終わりくらいでした。シンナーを吸ったり、盗んできたバイクを無免許で乗りまわしたりしていました。

木下 万引きをするようになったきっかけは何だったのでしょうか。

渡邊 きょうだい3人いる中で、私は母親にそばにいてほしいという思いが特に強くありました。そんなに裕福な家でもなかったので、共働きでやっと家計をまわしている状況で、母親は常に忙しくしていました。子どもから「寂しい」「そばにいてほしい」と言われてしまった母親が申し訳なさそうに困っているわけですね。幼いながらに親が困ってしまっている姿を見るなか

で、自分が寂しいと感じてしまうことが良くないと考えるようになってしまいました。自分の気持ちを言ってしまうと人の迷惑になると思ったわけです。それ以降、きちんと話し合って、「お互い辛いね」といった話ができないまま、私はどんどん自分の気持ちを言わなくなってしまい、その時期に万引きもし始めました。自分の気持ちを誰かとちゃんと話し合って納得したり、解決したりするというよりも、うやむやにしてしまうことが多くなっていました。あとは、小さな家出をしたりとか、小学2年生の頃にはタバコを吸ったりもしていました。小学校の高学年や中学校になってくると、友達の中に自分の居場所を確保するために、虫を捕まえて食べるといったかなりおかしな行動をとるようになりました。「気持ち悪い」と言われながらも、そう言われるヤツとしてそこにいることで自己肯定感を持っていたのでしょうね。

木下 変なことをやって、周囲の気を引こうという感じですかね。

渡邊 「本当の自分を見られたら人は絶対に離れてしまう」という思いがありました。寂しいと言うと人が困る。平気なふりをしていれば、周りは喜んでくれる。寂しくない自分になったら受け入れてくれると感じていました。そして、自分の居場所を守るために、本当の自分をひた隠しにしているような感じでした。本当の自分を隠すために、目立ったことをしたり、強がったりしているうちに犯罪行為にも手を染めていった感じです。

木下 目立ったり、強がったり、犯罪行為に手を染めたりすることで自己肯定感もさらに大きくなるという感じだったのですかね。

渡邊 シンナーを吸って気持ちいいとか、バイクを乗り回して強くなった気持ちも実際ありましたし、かっこいいなという思いもありました。それと同時に、「シンナー吸ったりして怖くないの？」「警察の取調べってどんなことをされるの？」と同級生が聞いてくれるわけです。それに対して「周りが知らないことを自分は知っている」「すごいだろ！」といった感じで自分の居場所ができたかのように錯覚していました。自分は同級生が知らないいろいろなことを知っていて、それを教えているような感じになれる関係性が心地よ

かった。そして、その人との関係性を自分でコントロールできる気がしていました。当時、大人や学校、社会が、暴力的に私に対して何かするわけではありませんでしたが、私はそれらは大きな力を持っていると思っていました。学校が正しくて、それになじめない自分がおかしい。大人が言うことが正しくて、それに対して違和感を覚える自分が間違っている。シンナーを吸ったり、盗んだバイクで走りまわったりするといった悪いことを始めたときに、大きな力を持っている大人に抵抗できる力を得たという感覚がありました。私にとっては、自分らしさを確立するための非行行為や犯罪行為でした。

木下 少年院はいつ頃入ったのですか。

渡邊 中学を出てからまず**少年鑑別所**に入って、その後、保護観察になったり、試験観察になったりしながら、16歳の終わりから1年間、**少年院**に入りました。シンナーを吸ったり、バイクを盗んだりして、警察に捕まることが増えて、月に2回、3回くらい捕まっている生活をしていて、もう後がない状態で少年院に送致された感じですね。

少年鑑別所　①家庭裁判所の求めに応じ、鑑別対象者の鑑別を行うこと、②観護の措置が執られて少年鑑別所に収容される者などに対し、健全な育成のための支援を含む観護処遇を行うこと、③地域社会における非行及び犯罪の防止に関する援助を行うこと、を業務とする法務省所管の施設である。また、鑑別とは、医学、心理学、教育学、社会学などの専門的知識や技術に基づき、鑑別対象者について、その非行などに影響を及ぼした資質上及び環境上問題となる事情を明らかにしたうえ、その事情の改善に寄与するため、適切な指針を示すことである。鑑別は、家庭裁判所、地方更生保護委員会、保護観察所の長、児童自立支援施設の長、児童養護施設の長、少年院の長又は刑事施設の長の求めに応じて行う。出典：法務省HP〈https://www.moj.go.jp/kyousei1/kyousei_kyouse06.html（2024年4月27日最終閲覧）〉。

木下　少年院を出た後はどういった生活をなさっていたのですか。

渡邊　18歳になる頃に少年院を出てきたのですが、その頃、仲良くなった人からホストの仕事をすすめられて働き始めました。勤め先は、ブランデーを1日で1本を飲むことがあたりまえのようなお店でした。ブランデー1本をアイスペールに注いで、お客さんが「一気で飲めたらボトルを1本入れるよ」といった世界でした。アルコールの度数や飲酒量はまったく考えずに飲んでいました。その後またシンナーも吸い始めました。

木下　ホストはどれくらいの期間なさっていたのですか。

渡邊　私は、20歳で初めて精神科病院に入ったのですが、そこに入る前、18歳から20歳の間の約2年間ですね。ただ、同じ店で働き続けたというのではなく、すぐにクビになってしまって、また別の店を探して雇ってもらうということを繰り返していました。

木下　どうして1つの勤務先に留まらなかったのでしょうか。

渡邊　お酒を飲みながらお喋りを楽しんでもらう仕事なのですが、私の場合は、どんどんお酒を飲むということにとらわれるようになってしまって、喋らずにひたすらお酒ばかり飲んでしまうのですね。前日からお酒が入っていることもあって、お酒の切れ目がわからなくなってしまいました。そして、勤務時間外でも飲むようになってしまいました。その後、お客さんのブランデーのボトル1本を棚から盗って懐に入れてトイレに行ってラッパ飲みして、また戻すといったことをやっているうちに、お酒を完全にやめられない

状態になっていました。お客さんのボトルを盗んで飲んでいたことがバレてしまいお店をクビになるということを繰り返していました。

木下　その頃からアルコール依存症になっていたという感じだったのでしょうね。

渡邊　振り返ると、そうですね。ただ、病識もないし、自分がどういう状態になっているのかあまりわかっていませんでした。

木下　20歳で精神科病院に入ったということですが、何かきっかけがあったのですか。

渡邊　今までは不良をしていた自分と水商売をしていた自分の存在がアイデンティティーとしてあって、そこに必死にしがみついていました。でも、不良の世界でもダメになって。というのは、私の中で不良のイメージがあって、そのイメージどおりに振る舞えなくなってきてしまった。たとえば、逮捕されて鑑別所や少年院に入るにしても「そんなの上等や！」という気持ちでいられることなどがあげられますが、自分がそういったことにビビってしい、逃げ出したい自分を目の当たりにして、自分が持っていた不良のイメージと本当の自分がかけ離れ、作り上げていた自分像が崩壊してしまいました。

木下　一般的な観点から、良いか悪いか、ということは別にして、どうあれ渡邊さんがこうなりたい、こうでありたい、あるいは自分はこういう人間なんだと思ったり、作り上げたりして、保っていた自尊心が崩れてしまったのですね。

渡邊　水商売の世界でも使いものにならなくなったときに、自分を形作るものが完全に崩壊した状態になりました。ただ、それでもシンナーもやめられないし、お酒もやめられない。仕事を辞めたのでお金がないわけですよね。毎日のように自転車をこいでコンビニに行っては、お酒を盗むということを繰り返すようになりました。ある時、自分を映している防犯カメラが眼に入ったのですが、それを見ていたら、店員を刃物で刺してでもお酒を盗って飲んでしまう自分を想像してしまい、怖くなって警察を呼んでいました。警

察に身柄を拘束してもらい、人を殺したり、自分を殺したりすることだけは避けようと考えました。来てくれた警官が自分の状態を見て、悪いことをしたいというよりも、病気がかなり進行していると判断してくれて、病院に連れていってもらって治療に繋がりました。

木下 何とかこの状態を脱するために警察に連絡したことは、渡邊さんのSOSだったのですかね。

渡邊 このままでは自分を止めることができないという気持ちは強くありました。どうしても抗えない大きな力が自分を押しているような感覚でした。

木下 ご自身でそのときに警察を呼んで危機を脱したわけですね。自分の力だけではどうにもならないから、渡邊さんにとってこれまでは自分を捕まえに来る嫌な人の力を借りたわけですね。一方で、話を聞いてくれる大きな社会資源でもあったわけですよね。そのあとは、どれくらいの期間入院されたのですか。

入院 精神科病院への入院については、精神保健及び精神障害者福祉に関する法律（精神保健福祉法）に定められている。入院の種類は「措置入院」「緊急措置入院」「医療保護入院」「応急入院」「任意入院」の5種類がある。以下がそれぞれの対象と要件等である。

	措置入院 （同法29条）	緊急措置入院 （同法29条の2）	医療保護入院 （同法33条）	応急入院 （同法33条の6）	任意入院 （同法20条）
対象	自傷他害のおそれがある精神障害者	自傷他害のおそれが特に強い精神障害者	本人が同意できないが、家族等の同意が得られた患者	家族の同意が得られないが緊急性のある精神障害者	本人の同意がある患者
要件等	精神保健指定医2名による診察で、自傷他害の恐れがあると判断された場合、都道府県知事の権限により強制入院させる。	1名の指定医による診察で、特に自傷他害の危険性が高いと判断された場合、72時間以内の強制入院が可能。	本人が入院に同意できない場合でも、家族等（または市町村長）の同意により入院できる。	精神保健指定医による診察で直ちに入院が必要と判断された場合、家族等の同意して72時間以内の入院が可能。	本人が入院に同意し、自己の意思で入院する。精神状態が不安定な場合でも同意が前提となる。

渡邊 初回の入院に関して期間は覚えていませんが、依存症を専門的に扱っている病院ではありませんでした。ただ、その病院の医師が依存症の治療が必要と判断してくれて、アルコール依存症だけではなく、依存症全般を専門的に診ている病院を紹介してくださって、転院することとなりました。

木下 ここで初めて本格的な依存症治療につながっていくわけですね。

渡邊 転院先の病院で依存症と診断されて、アルコールや薬物の依存症がどういうものかについて勉強したり、自助グループに参加したりするようになりました。その当時、自助グループには、女性はほとんどいませんでしたし、男性もかなり高齢の方が多くいらっしゃいました。私は、彼らは理由もなくお酒を飲んでいる本物の酔っぱらいと思っていて、他方で、自分は、理由がそれなりにあると思い込んでいました。理由なく飲んでいる人は本物のアル中だろうけど、自分は辛くてお酒を飲んでいる。その辛さが取り除けたら飲む必要がない、という思いがあったのです。だから、自分は依存症ではないという思いもあったし、自分の意志でお酒を飲み続けてきたという思いがあったのですね。病気がそうさせてきたというよりも、自分で選んだ生き方がそこにあるという思いがあったので、それを変えるということが腑に落ちませんでした。

木下 抗えない大きな力が自分を押しているような感覚を持ちながらも、どこかでまだ自分でコントロールできる、状況が変わればお酒もシンナーもやめられる、という思いがあったのですね。また、目の前にいる他の依存症がある人たちと自分は同じだ、と思いたくない気持ちも働いていたのかもしれないですね。

渡邊 また、お酒とシンナーをやめる理由は、親に迷惑をかけたくない、閉鎖病棟にも入るので入院生活になることで不自由になってしまう、という2点でした。この2つがお酒とシンナーをやめる理由として残ってはいましたが、そのやめるモチベーションを超えて、お酒が飲みたい、シンナーを吸いたいとなったときに、簡単にお酒を飲んだり、シンナーを吸ったりしてしまっていました。退院したら、精神科病院に入ったり、警察に連れていかれ

たりするような飲み方をしなかったら問題はないだろうと思って飲んでしまいました。

木下　そのように、自分では自分をコントロールできている、自分は他の依存症の人たちとは違う、やめようと思えばいつでもやめられる、と思っていた。だけど、気がついたらアルコール依存症で**入院**となっていた、ということですか。

渡邊　そうです。すごい量の精神科で処方された薬を飲むようになっていました。行動に関しては、乱暴さを自分で抑制できない状態になっていて、さらに、自傷行為を繰り返すようになっていました。10年間で48回の入院を経験したのですけど、そのうちの10回くらいは任意入院で、残りは、医療保護入院と措置入院でした。

　だから、当時は治療しているという感覚はありませんでした。私自身も、自分のために入院していると思っていませんでしたし。私という存在が社会にとって害になるから、社会に迷惑をかけないために病院の中に閉じ込められているという感じですかね。

木下　自傷行為はいつ頃からされていたのですか。

渡邊　そうですね。初めてやり始めたのは、中学校を卒業する頃でした。タバコで腕を焼いたり、自分の体を刃物で切ったり、灯油をかけて火をつけたりして、自分につけた傷の中に自分の感情をすべて詰め込んだ気になっていました。何かの儀式のように感じていました。

木下　自傷行為を行うきっかけは何だったのでしょうか。

渡邊　幼い頃の親との関係を寂しく感じたこともそうなのですが、中学校の卒業が近づいてくると、自分が今後どうなっていくのかなとか、就職したり、進学したりする同級生のことが耳に入ってくると、なんだか寂しいなという感情を抱きました。自分の中の寂しさを肯定するために「進学はしないと言っていたのに、高校に進学しやがって」「友達と言っていたくせに、結局、自分の人生を選んで自分を裏切っていくんだ」と人のせいにしてしまうのですね。その感情を抱えて生きられるだけの心のゆとりもないので、解消

するために自分の体を切ったり、焼いたりして、その傷の中に感じてしまった感情を詰め込んでいました。寂しさがなくなるわけではないのですけど、自傷行為をすることで寂しさがなくなったことにして、これで終わりと自分に言い聞かせていました。人のせいにしていることに対して罪悪感があったので、自分の体を傷つけることで、その罪悪感を解消していたのかもしれません。

木下 自傷行為や薬物、酒についてやめたいと思うことはあったのでしょうか。

渡邊 私が16歳の頃に父親が亡くなりました。そのとき私は鑑別所に入っていましたが、家庭裁判所調査官が面接に来たときに父が危篤の状態でしたので、葬儀が一通り終わったら出頭するという誓約書を書くことで、鑑別所を出してもらって父の病院に行くことができました。ただ、シンナーが吸いたくなって、家に帰ってシンナーを吸っていたら、母から、今父が亡くなったと電話があり、父が亡くなったことを知りました。葬儀場で、安置されている父親の遺体の横で寝転がって、自分が聞いていた歌を聞いてもらおうと思って歌いました。迷惑をかけた父親に対する申し訳なさとか、感謝の気持ちがあったのだと思います。ただ、そう言った気持ちを持っていれば、絶対にすることはないであろう、シンナーを使ったり、鑑別所に入ったりしたことは、その気持ちとまったく矛盾した行動なのです。この相反する感情を同時に両方持っている自分が何者なのかわからなくなっていて、独りになったときに、頭の髪の毛をすべて引っこ抜こうとするくらいの錯乱した状態になりました。

　父親は運送業を営んでいたので、軽トラが1台残りました。私は、その軽トラの中に入ってシンナーを吸うわけです。軽トラの窓から花壇の花に水をやる疲れ果てた母親の顔を見ながら、自分はどれだけ親に辛い思いをさせているのか、今すぐにでも駆け寄って謝りたい気持ちになりました。でも、シンナーを吸っているわけです。両親に対する申し訳なさを自分の中で解消するために、シンナーを体の中に取り込んでいたのかもしれません。

社会でうまくやっていくには、自分が変わらなければならない

木下 そのようなことを繰り返す生活の中で、病院とは繋がっていました。その後逮捕されるわけですが、その逮捕されたきっかけは何だったのでしょうか。

渡邊 私は2回逮捕されました。お金は持っていないがお酒を飲みたかったことと、犯罪で刺激がほしかったことが動機です。1回目は車上荒らしと万引きでした。逮捕されて拘置所に入って、執行猶予判決でした。2回目は、その執行猶予の間にシンナーを吸ったり、お酒を飲んだりしていて、車上荒らしをして、万引きをして、人の敷地に入って工具箱を壊して中の工具を持ち帰ろうとして逮捕されました。執行猶予中ということもあって、1回目の刑期である1年6月に、そのとき捕まった1年6月を合わせた3年弱くらい刑務所に入ることになりました。

木下 刑務所内は規律が厳しいとよく言われますが、いかがでしたか。

渡邊 刑務所では、当然、刑務作業中の私語は厳禁ですけど、部屋に戻ってからは同房者と喋ることができます。また、テレビを見たり、新聞を読んだりすることもできました。ただ、私は刑期の約3年のうちの半分は独居房に入っていました。ボールペンで腕を突き刺した自傷行為が原因です。最初は雑居房で他の受刑者と生活をともにしていましたが、雑居房の雰囲気に耐えることができなくなりました。たとえば、同房者が食事の一品を賭けたりするのですが、その際に「私はしません」と言えなかったりするわけですね。かといって、刑務所ではどのようなことを訴えても、部屋を変えてもらうことはできません。そこで、部屋を出て、独居房に行くために、あえて自傷行為という事故を起こして、刑務官にその行為が見つかり、懲罰として独居房に移される、ということを企てていました。

木下 約3年の刑期を終えて、その後どうされましたか。

渡邊 刑務所に入る前は病院を安定して利用していませんでしたが、支援者の方が出所時に迎えに来てくれて、病院の受診について相談に乗ってくれました。また、リカバリハウスいちごの職員の方も来てくれました。出所してから病院に行ったり、リカバリハウスいちごの事業所に通所したりするつもりでいました。

　ところが、その後お酒を飲み始めてしまいました。私が刑務所にいた3年くらいの間にリカバリハウスいちごのやっている事業の種類が増えていました。当然、それに伴って利用者の方も増えるし、事業所の数も増えるわけで、圧倒されてしまいました。他の利用者の方が頑張っている姿を見ていると、自分が置いていかれている感じがしました。頑張っている他の利用者の方に対する置いてけぼりのような感情を持ってしまったのですね。それで、自分の言い分ばかりを言っていたときに、職員の方から、「自分が変わらないといちごでうまくやっていくことは難しいんじゃないですか」と言われました。そのときは、なんだか腹が立ってやりきれない気持ちになって、またお酒を飲み始めたわけです。

木下 お酒を飲む生活はその後もしばらくは続いたのですか。

渡邊 1カ月くらいですかね。ただ、お酒を飲みながら、なんで自分はいつも自分を苦しい方に追い込んでいるのかな、お酒を飲んで落ちぶれていくのは自分じゃないかと考えるようになりました。自分のために生き方を改めたいと思ったにもかかわらず腹が立ってお酒を飲んでいることは、おかしいと気づくことができました。

木下 そのときに負のサイクルに陥っていることに気づいたのですね。

渡邊 他にもそのことに気づくことになる経緯はいろいろありました。今までは、暴れたり、自分の体を傷つけたり、他人に対して無茶な要求を押し通そうとしたりして、実際、押し通した気になったりしていて、そんなことをしても自分は間違っていないと思っていたのですね。

　刑務所にいたとき、気が狂いそうになるほど歯が痛くなったことがありました。刑務官に歯の治療のために歯科医師の所に連れていってもらうように

お願いしたのですが、日曜日ということもあって歯科医師が刑務所にいない
わけです。私は、我慢できずになんとかしてもらおうと考えて、歯の治療を
お願いしたのですが、刑務官から「歯科医師の免許を持っていない人間に歯
を抜けと言うのか?」「無理だよ」と言われたのですね。どうにもならないな
と思ったときに、自分自身を客観的に見ることができて、自分自身が滑稽に
見えたのです。初めて、ちゃんと自分が自分に向き合わないといけないと考
えるようになりました。

　また、刑務所で生活していくうえでは、自分が変わらざるをえなくなるわ
けです。「何をしているのかな」「会いたいな」と刑務所の外にいる人が気に
なっても会うことはできません。そういう気持ちを持っていると、日々の刑
務所の生活を安定して過ごすことができなくなります。なので、自分の頭の
中から、いろいろな叶わない雑念を取り除こうとしました。

木下　そういったことは、刑務所に入る以前に気づくことはありましたか。

渡邊　入退院を繰り返しているときには、たとえば、入院中に看護師さんに
ラブレターを書くといったことをしていたために、人との距離の取り方につ
いて注意されていました。迷惑な患者だったと思いますよ。看護師さんから
したら私は、10人いる患者のうちの1人じゃないですか。でも、私にとって
は、その10人のうちの1人では納得ができませんでした。仕事としての医療
者と患者という関係以外の関係を作りたかったのですね。ただ、そういった
ことを繰り返していると、看護師さんやソーシャルワーカーさんから人との
距離の取り方に問題があると指摘されるわけです。そして、そのような指摘
をされると、「自分は嫌われている」と思ってしまいました。あるとき、看
護師さんがどう思っているのか自分に置き換えてふと考えることがありまし
た。そのときに、自分が自分でいるために入ってほしくない境界線が自分に
もあるということに気づきました。他人に入ってほしくない領域は相手にも
当然あるわけですよね。それからは、きちんと線引きをすることを意識しま
した。相手が嫌いとか、相手が好きとかではなくて、自分が自分でいるため
に大事なことだし、きちんと関係性に距離を取ることでお互いがお互いのま

まにいれるのかと気づきました。これらの経験を得たことが大きかったと思います。

木下 自分を客観視する気づきを得る前段階として、何かきっかけはありましたか。

渡邊 私は、自傷行為をしていたので、カウンセラーの方が100回ぐらいカウンセリングをしてくれました。話した内容自体についてはあまり覚えてはいませんが、来てくださったカウンセラーの方に喋って、聴かれて、また喋って、また聴かれるということを繰り返すうちに、自分の思考を整理して、これまでの自分を振り返ることができました。

木下 ただそばにいて**傾聴**してくれた。ご自身の今の考えていることなどを話しているうちに、だんだん考えていたことが整理され、自分自身を客観的に見ることができるようになったという感じですね。

> **傾聴** 要支援者の語りに対して、積極的に話の内容を聴き、その内容や価値観などを否定せず受容的に理解する対人援助職の態度のことをいう。

「絶対に譲れない価値」を持つ

木下 現在、渡邊さんは支援する立場にありますが、支援者または元当事者の立場から考えて、どのような状況のときに人は罪を犯すと思いますか。

渡邊 人は、悪いことをしたらダメだと我慢しているのではなく、自分がどう生きていきたいか、というのがわかることでそれに向かって生き、良い形で欲求が満たされることで、悪いことから遠ざかっていくのではないかと思うんです。私は、刑務所を出てから14年経っています。もうお酒も飲みませんし、シンナーも吸いません。もちろん罪を犯すことはありません。それは、常識が身についたとか、素晴らしい人間になったということではありません。自助グループで仲間と関わることで、人と出会えてありがたいな、生

きていて嬉しいな、という気持ちを持つことができたことで罪を犯すことなく過ごしていると思います。

　以前、落ちていた財布を拾ったことがありました。財布を開けてみると4万円くらい入っているのですよね。一瞬、「こんなにあったらいっぱいほしい物が買える」と思いましたが、すぐに交番に届けました。正しい行いをしたというよりも、お金をくすねてしまうと、ともに生きている仲間に顔向けができないと思ったのですね。4万円をくすねることで、後ろめたさを抱え込み、自分で自分を騙すあの辛い生活に戻るのかと。犯罪だけではなく、何かずるいことをしようとしたときも、それによって失われる自分が生きていくうえで絶対に譲れない価値を持っていることが大切な気がしています。

　私は、自助グループやリカバリハウスいちごという自分を育ててくれる場所で、いろいろなことを感じる、さらに自分がどんな人間なのかということを知ることができました。そして、日々のトレーニングを積み重ねることで譲れない価値をさらに高めていっているのではないでしょうか。

木下　人と繋がること、約束すること、良い意味で期待されること、といったことを大切にしている、という理解でよろしいでしょうか。

渡邊　仲間とともにこういう活動をやっていて思うことは、お酒を飲まない、薬を使わないということに、具体的な意味を持ってもらうことが重要です。たとえば、以前の悪い仲間とまったく関わらなくなったから、少しくらいは悪いことをしても大丈夫と考え始めると、簡単に以前の自分に戻ってしまいます。だから、薬を使わない意味を鮮明にイメージしなければなりません。そうすることで、先程言った絶対に譲れない価値というものが生まれてくるのではないでしょうか。

木下　「絶対に譲れない価値」ですね。人によって内容はさまざまでしょうが、渡邊さんの場合、そういった譲れない価値が形成された要素に、仲間の存在が大きな位置を占めていそうですね。あと、ここまでのお話をうかがって、お酒やシンナーをやめた、という表現よりも、やめ続けている、という表現がぴったりくるようにも感じました。

渡邊 また、私は幼い頃から加害者として生きてきました。その根底にあったのが、母親との関係の中で、寂しいと言えなかったこと、寂しいと言っても人が困ってしまうので、自分の気持ちを伝えないということでした。これは、他者に対して感情を伝えることを否定したのと同時に、こういうことをしたら人はどう感じるのかという自分の感受性を否定したわけです。家族、学校、社会に身を置くなかで、他者に役立たないと存在できない、役立たない自分は誰も受け入れてくれてないし、誰も許してくれてないと考え、いろいろな問題を起こし始めました。なので、私の経験から考えると、外から見た問題のある行動や犯罪行為よりも、その原因である歪んだ経験を見つめていく必要があるのではないでしょうか。

少年院や刑務所、精神科病院では、せっかく介入できるチャンスがたくさんあるわけですので、もっと有意義な場所として使えるのではないかと思っています。なかなかそれが機能していないことで、指示通りにしか動けない人間をどんどん育てていっているように思います。たしかに、刑務所や精神科病院、少年院で人生をまっとうする人間を育てるのであれば、従順な人間の方が都合がいいのですが、いつか社会に出て、自分で考えたり、自分で感じたり、自分で決めて、選んで生きていく人だとそうは行きませんよね。本人が再び生き直していくための力を奪いかねないこともあるのかなと思います。

　相談相手に「わかるよ〜」と言われても、あんたに何がわかるのかと思うことはないだろうか。相談しておいて何だが、筆者はそういう場面に何度か接してきた。自戒をこめて話すと、相談される側のパターンの時もそういう当たり障りのない返事をしてきたこともある。そんな中で、注目されているのが当事者ミーティングだ。注目されているといっても数十年前から存在するし、珍しいものではない。ただ、ここで触れておきたいことが2つある。1つは、海外ではごく普通に生活に溶け込んでいるものであって、子ども向け番組やショーでも普通に放送されているということだ。たとえば、『ファインディング・ニモ』ではサメが「もう魚を食べない」とミーティングで話しているし、『シュガー・ラッシュ』という映画ではゲームセンターの各ゲームで悪役として活躍しているキャラクターが夜な夜な悪役だけが集まり、悪役だからこその悩みを打ち明けあっている。先ゆく先輩が同じ悩みを抱えていた頃の話をしたり、薬物を使いたいときに「今、使いたい」と正直に言えることが大事であると言われる。従来の刑務所などでは立ち会っている刑務官から「何を言っているのだ！」と叱責されるかもしれないが、同じ悩みを共有しあっている人だからこそ正直に打ち明けあえ、回復の道を教えあえる。

　そしてもう1つは、これまでは自分の弱みであったり、社会的に非難されるのではないかと考えてしまって話すことに戸惑っていたことが「強みに変わる」ということである。たとえば薬物をやめられない、今すぐ使いたいという正直な思いは、世間一般的には人前で

話すべきものではなく恥ずべきものだとさえ思い込んでしまうかもしれない。しかし、そういった悩みもがいたことが、今現実に悩みもがいている人にクリティカルヒットすることがある。やめたいとは思いつつも、どうしても今やめたいと考えられない人にとっては一番聴きたい話となっていく。この効果が凄まじい。

（丸山泰弘）

4 章

「施設の心理職」×「当事者の対話」＝ニーズを知りリスクを捉える

　毛利真弓さんは、非行少年や犯罪者の心理に深く関わり、その回復と再犯防止を目指して活動する専門家である。治療共同体を基盤としたアプローチに焦点をあて、犯罪行動の根本原因に迫りながら、社会復帰を支援する方法論を提唱している。非行や犯罪の背景にある心理的な傷やトラウマに対し、個別のケアとコミュニティの力を活用することで、受刑者の心の回復と社会適応を促進するプログラムを実践している。毛利さんの活動は、多くの人々に希望と変革の可能性を示しており、社会の中での再生を支える重要な役割を果たしている。犯罪からの立ち直りを支援する新たなモデルケースを提供している。

毛利真弓
もうり・まゆみ

同志社大学心理学部准教授（博士・人間科学）。公認心理師・臨床心理士。名古屋少年鑑別所法務技官兼法務教官、株式会社大林組、広島国際大学心理臨床センター特任助教を経て現職。研究テーマは治療共同体を基盤とした犯罪行動変化に向けたアプローチ、性暴力に関する査定と治療教育。著書は『治療共同体実践ガイド―トラウマティックな共同体から回復の共同体へ』（分担執筆、金剛出版、2019年）、『司法・犯罪心理学』（分担執筆、有斐閣、2020年）、『性問題行動のある子どもへの対応―治療教育の現場から』（共著、誠信書房、2023年）など。

心理師として少年に向き合う

木下 心理技官をなさっていたときのお話をうかがいたいのですが、心理技官とは具体的にどういうお仕事をなさっているのでしょうか。

毛利 心理技官は正式には法務技官 [→131頁] という官職名です。私が採用された頃と現在とでは、仕事の内容もずいぶん変容しています。私が採用された2003年は、心理技官の主たる勤務場所は少年鑑別所で、家庭裁判所で審判を待つために収容されている**少年**の心身鑑別、つまり面接したり、心理テストをしたりして、家庭裁判所に「この子は少年院送致が相当だろう」「在宅保護の保護観察でいい」といった意見を書く仕事が主体でした。また、少年院に送致された少年に会いに行き、再鑑別という形でその後の調査などもしていました。中には拘置所や刑務所の「分類」と呼ばれる部署で、入所者の調査や面接などの仕事をしている人もいましたが、いずれも基本的には個別面接で、査定や調査が主たる仕事です。

> **少年** 法律上「少年」は未成年の男女を指すため、少年鑑別所には男子少年も女子少年も入所している。

木下 当時の少年鑑別所での業務は、現在と比較して非常に異なるものであったことがよくわかりました。その頃の法務技官の仕事は、非行少年たちとの直接的な関わりが中心であり、彼らの将来を左右する意見を家庭裁判所に提出するという非常に重要な役割を果たしていたのですね。そのような責任ある立場での仕事を通じて、どのような困難ややりがいを感じられていたのでしょうか。また、その後、時代とともにどのように仕事の内容や心理技官の役割が変わってきたのか、その変遷についてもお話しいただけますか。

毛利 私が心理技官を退職した2008年以降からは**心理技官がいわゆる介入に関わる機会**が増えてきました。今では、たくさんの心理技官が男女問わず、

刑務所の性犯罪再犯防止指導などを担当していたり、少年院で本人の面接や家庭との調整をしたりしていると聞いていますし、法務少年支援センターでは、外部の人たちの相談も受けるようになっています。

> **心理技官がいわゆる介入に関わる機会**　2006年に「刑事施設及び受刑者の処遇等に関する法律（2007年、刑事収容施設及び被収容者等の処遇に関する法律として改正）」が施行され、受刑者に対する改善指導が明文化されたことに伴い、心理技官もグループワークの指導者としての仕事を担うようになった。また、2015年には改正少年院法・少年鑑別所法が施行され、少年鑑別所に併設される「法務少年支援センター」で一般市民の相談業務も担うようになるなど、心理技官（少年鑑別所）の仕事も拡大した。

> **刑務所の性犯罪再犯防止指導**　刑務所の改善指導には、すべての受刑者を対象とした一般改善指導と特定の受刑者を対象とした特別改善指導がある。「教育」「指導」などとも呼ぶ。特別改善指導には、薬物依存離脱指導、暴力団離脱指導、性犯罪者再犯防止指導、被害者の視点を取り入れた教育、交通安全指導、就労支援指導がある。

木下　なるほど、心理技官の役割がより広がり、社会との繋がりが強化されている現在の状況について、大変興味深いお話です。そうしたなかで、毛利さんがご自身で体験された当時の仕事、特に非行少年たちとの直接的な関わりについて、もう少し詳しくお聞かせいただけますか。当時の環境やご自身の感情も含めて、その時期のエピソードをおうかがいできればと思います。

毛利　私が鑑別所に勤務していたのは非行少年が多かった時期でしたので、毎日毎日、面接をして、毎日毎日、書類を書いて、締め切りを破っては怒られるという生活を送っていました。名古屋の少年鑑別所に採用されたのですけど、当時は、収容率が100パーセントを超えていて、新人だったのでだいぶ仕事は減らしてもらっていましたけど、それでも、もう毎日、泣きながら

夜中まで書類を書いていました。その代わりにたくさんの非行少年たちの話を聞かせてもらえた体験でした。

木下 家庭裁判所に意見をするって、こっちに送ったほうがいいんじゃないか、あっちに送ったほうがいいんじゃないか、ということで、裁量がある仕事だとお見受けしたのですけども、そこの判断基準は何かあったりするのですか。

毛利 最終的には少年鑑別所全体の会議で意見をすり合わせますし、家庭裁判所調査官の意見も踏まえて決定自体は裁判官が行うので、心理技官は素案を提出する仕事です。判断基準は、心理テストを行ったり、何度も話を聞いたりして、非行の背景にある事情をきちんとおさえて、本人の問題性の根深さを掘り下げていきます。それに加えて、親の指導力やサポート体制など社会にある資源についても考慮したうえで、少年が社会の中で変わっていけるのか、児童自立支援施設や少年院などの行動規制の枠組みが強い所で集中的に介入しないと難しいか、などさまざまな点から、どうすればその少年が変化できるのか考えます。あとは事件によっては**検察官に送ること**を検討しなければならない場合も定められていますので、その点も加味しながら判断します。

検察官に送ること（逆送） 家庭裁判所の審判の結果、罪質及び情状に照らして刑事処分（刑事罰）を相当と認めるときは、検察官送致決定が行われる。未成年ということで一度検察から家庭裁判所に送致された少年が再び検察庁に送られることから「逆送」と呼ばれる。なお、故意の犯罪行為により被害者を死亡させた事件で、罪を犯したとき16歳以上の少年は原則検察官送致にすることとなっている（原則逆送）。2021年には少年法が改正され、特定少年（18歳・19歳）の少年が死刑、無期または短期1年以上の懲役・禁錮の罪の事件を犯した場合も原則逆送の対象となった。

少年の心の動きや背景にある問題の大きさ

木下 問題の根深さというワードが出てきましたが、罪の大きさと問題の根深さは関係していますか。

毛利 直接的な相関はないと思います。たとえば、集団で人を殺してしまうといった場合、周りに同調してしまうような弱さが問題と言えますが、それは単体で見ればそんなに根深いわけではないけど、事件自体が大きくなるということもあります。一方、やっていることは軽くても、毎日、人に嘘をつき続けて裏切っていて、罪名は軽いけど、この子は人と関係性をずっと結んでいくことが難しそうだな、また繰り返すのだろうなみたいな子もいます。

木下 問題の根深さというのは具体的には、どういったものなのでしょうか。

毛利 簡単に言えば、**再犯リスクや介入のニーズ**が高い、ということになります。最近では、過去の非行歴や薬物使用、家庭の安定性や非行のある友人の影響など、どういう要素を持っていると再犯しやすいかということがわかってきていますので、再犯リスクと言われる要素をたくさん持っているかどうかで根深さというのを測ることもできます。また再犯を抑止する要因、たとえば、他者への共感性や変化への動機づけ、サポート資源などに問題がある場合も、介入のニーズをたくさん抱えているとして、頻繁もしくは強力に働きかけをする必要があると判断します。

> **再犯リスクや介入のニーズ** 一般にも公開されている非行少年のアセスメントツールとしては少年用サービス水準／ケースマネジメント目録 (YLS/CMI) などがある。また法務省は、2013年に法務省式ケースアセスメントツール (MJCA) を開発し、少年鑑別所内で運用している。

木下 再犯リスクを数値化したり、要素を分析したりする知的なアプローチ

がそこまで進んでいることは知りませんでした。数値化されるとそれが関わりの根拠になってくるかとも思います。一方で、数字やデータだけでは測りきれない、少年たち一人ひとりの心の動きや背景にある問題も大きいのではないかと思います。毛利さんご自身の経験から、そうしたデータでは捉えきれない部分について、もう少し感覚的な視点でお話しいただけますか。

毛利 もう少し感覚的なもので言えば、どうして、この少年がこういった非行をしたのかというプロセスの中にある、社会や人との関係性の持ち方、人への信頼や絆のようなものでしょうか。

非行が早期、つまり低年齢から始まっている少年はそれだけ養育資源がない、もしくは逆境的な環境下にあるなどの理由から安心感や安全感のある環境で生活できていないおそれが高いです。なので、信頼や絆、人との関係における安心感という基盤が乏しいという意味で、問題性、裏返せば介入のニーズがとても高いと言えます。また早く始まっているということは非行行動がエスカレートしたり行動パターンとして定着したりしているおそれもあります。そうした意味で問題が深刻、根深いということになります。もちろんこれからの関わりでいくらでも変化はしますが、話していても、こうした少年たちはやっぱり何かが変わっていくための引っ掛かりが欠けている、もしくは引っ掛かりが弱いと感じます。いくら賢くて、こっちの言うことを聞いて、それなりのことが言えても、何かそういう引っ掛かりみたいなのが感じられないと、上手いこと卒なくやるのだけど、根本はなかなか変わっていかないなと感じることもありました。この態度じゃ周りから余計攻撃されて、余計傷ついて、この子はまた、どんどんひねくれていくのだろうなとか。そういった世界の捉え方と、人との関係性みたいな部分でしょうか。

木下 人との関係性って、上手く築ける子がいたり、上手く築けない子がいたりということは当然あると思います。それは何か生まれ持ったもの、性格的なものがあるのでしょうか。それとも、環境要因が大きかったりするのでしょうか。

毛利 もちろん資質的なところはゼロではないと思います。でも、そういう

人たちがみんな犯罪をするわけではありません。やはり特性があろうとなかろうと、その後に経験してきた、いろんな人との関係性での被害や嫌な思いをしているとか、だまされたとか、もしくは逆に、強くあらねばいけない世界にずっと生きてきて虚勢を張っているといった環境面の二次的な影響の方が大きいのではないでしょうか。子どもの性問題行動の分野などでは、障がい特性を持っていると周囲からの疎外やいじめにあいやすく、それが犯罪のひとつのリスクになるということも言われています。

木下 すると、特性がある方も置かれている環境が大きな要素としてあるということですね。

毛利 良い資源を手に入れにくい、周りからの良い関わりを受けにくい、ということもあると思います。注意されやすいとか、周りから怒りを買いやすいとか。本人のせいではなくても、悪循環に陥って周囲と肯定的な関係を持つ機会を逸してしまい、物事を被害的に捉えやすくなって、良い問題解決方法を身につけることができないがゆえに、非行・犯罪に至るリスクが高まることはあるかもしれません。

木下 少年や成人に限らず、そういう方たちに、どういう働き掛けをなさっているのでしょう。

毛利 少年鑑別所には基本的に4週間、長くても8週間しかいないので、そこでは働きかけができず、心理技官の時代にはもどかしさを感じていました。ですから働きかけができる少年院への異動を希望していましたがかないませんでした。また、自分の視野を広げなければいけないと思ったこともあります。大学院を出たばかりの若造が、自分が経験したことのない虐待や暴力を経験してきた子の話を聞いて、わかったように処遇意見を書いて予後を予測することがとてもおこがましいという感じもしていました。彼らがその後どうなるのか、どういう働きかけにどう反応するのか、その先の世界をちゃんと見て、自分も関わってみなければ、人を見る力も養われないと思っていました。そんな中、ご縁があってアメリカの**治療共同体 (Therapeutic Community)** と呼ばれる回復施設や刑務所内の取組みを見に行く機会があ

り、こういう働きかけがしてみたいと思い、刑務所を治療共同体にするというコンセプトを掲げた島根あさひ社会復帰促進センター[1]（以下、「島根あさひ」）で働くべく、転職しました。

治療共同体 (Therapeutic Community)　治療共同体には、イギリスの精神科医療改革から生み出された専門家主導によるものと、アメリカで薬物依存症当事者たちが作り上げた主体的・自助的な回復コミュニティの両方にルーツがあり、その形式・方法もさまざまに分かれている。両者の共通点は「治療者・被治療者」といった力関係を排し、平等で安全な場を作り、共同体での日々の生活を通じてそれぞれが個人の成長や責任ある人生を獲得していく点にある。

変化のために共同体を使う

木下　非行少年たちと接するなかで、彼らの生々しい傷や現在の状況に対する対応が求められていたとのことですが、成人を対象とする仕事に移行した際には、また異なるチャレンジがあったのではないかと思います。罪を犯した成人たちとの関わりは、少年たちと向き合っていた頃とは異なるアプローチが必要だったのではないでしょうか。それも含めて、刑務所での毛利さんの取組みについて教えてください。

毛利　刑務所で勤めるようになってからは、やりたかった働きかけをたくさん経験することができました。非行少年と出会っているときは、彼らはまさしく今、虐待的な環境にいるとか、つい最近に性被害を受けたとか、かなり生々しい感じで傷がある人たちだったなと思うのですけど、刑務所の場合は大人になってから来ているので、むしろ過去の傷にかさぶたが張っていたり

1　PFI（Private Financial Initiative）方式により設立された官民協働刑務所。2008 年開所。島根あさひ社会復帰促進センター〈http://www.shimaneasahi-rpc.go.jp/（2024 年 7 月 24 日最終閲覧）〉。

とか、被害がなかったことになっていたりとか、それを見せないために、もっと強くなるために生きてきてそのしわ寄せで犯罪がある、といった人たちでした。とりあえず、自分を防御していたものを取り払って、何があったか話そうという感じで、記憶を取り戻していくとか、素直に気持ちを話していくといったところから始めていきました。

木下　大人になって、これまで見ないようにしていたことを引っ張り出すことは苦痛を伴う作業なのではないでしょうか。時間をかけることで、最終的にはみんな自分の過去と向き合うということができるようになるものですか。

毛利　苦痛を伴うことは確かです。でも、その苦痛に気づいていない、もしくはなかったことにしているがゆえに生き方がしんどくなっているなら、それは苦痛を伴ってでも一度引っ張り出して再吟味しなければいけないことだと思います。その時は苦しくても、記憶を取り戻したり、素直な感情を語れるようになったりして、「生きやすくなった」と言ってくれる人はいます。でも人によっては強がって生きてきていることが強みの人もいて、他人が無理にその強みを剥がす必要がない人もいるかもしれません。ですから、自分からそういうことをチャレンジしたいと思う人に来てもらおうということで、島根あさひの回復共同体プログラム[2]（以下、「TCプログラム」）は自分で希望して来てもらうという形を取りました。

木下　「共同体」という表現を使われているのですが、島根あさひでプログラムを開始するときに、賛同してくれた人たちで集まった、その治療グルー

2　Therapeutic Community（TC）は、基本的には「治療共同体」と訳されるが、島根あさひ社会復帰促進センターでは、「治療」という日本語に含まれる病気のニュアンスや受動的な印象をできるだけ払拭し、主体的に回復に向かうことを目指す指針を示すため、「回復」共同体と名づけた。なお、島根あさひ社会復帰促進センターのTCプログラムは、アメリカの治療共同体「アミティ」と契約を結び、テキストの使用や指導を受けて実施した。島根あさひ社会復帰促進センターでは改善指導を「プログラム」と名づけて実施している。本対談で出てくる「プログラム」は、島根あさひ社会復帰促進センター内の改善指導の名前を指す。

プを共同体と表現されているということでしょうか。

毛利 「変化のために共同体を使う」アプローチを採用しているので、その
アプローチ名と言った方が近いかもしれません。TC プログラム参加者はユ
ニットと呼ばれる58人定員の居住区で24時間一緒にいるので、ともに暮ら
し、ともにグループワークをしている集団全体を共同体と呼んでいました。
回復共同体に参加してプログラムを行う動機は人それぞれ多様です。回復共
同体プログラムは教育時間がとても多いので、その分刑務作業が半分になり
ます。ですから、「作業したくないから TC に来ました」と後から明かす人
もいます。あと、「プログラムに希望したという態度が仮釈放を早めてくれ
るアピール材料になるのでは」と期待してくる人もいます。

木下 そのような動機では、回復、というそもそもの目的に近づいていかな
いようにも思えるのですが。

毛利 正直、動機はきっかけにすぎないので、あまり重視しません。自分で
希望して来たという行動が大事です。TC に入ってみて思っていたことと
違ったとか感想はさまざまありますが、それぞれ自分なりに向き合ってくれ
ました。どれだけ文句を言おうがすべて自分の選択の結果で人のせいにでき
ません。何十人もが一緒に暮らし、互いの弱みをさらし、嫌なところを見た
り自分の問題を突きつけられたりしながら生活します。ですから、耐えきれ
ない状況で離脱する人ももちろんいましたが、長時間かけて徐々に変わって
いく人もいました。中にはプログラムに来た当初からは劇的に変わる人もい
ました。皆さんそれぞれの中で、自分と向き合っていったのだなという感じ
はします。

変わっていった人たち

木下 そのプロセスは、人によってもちろん違うものと思います。回復して
いくプロセスって決まったものがあるわけではないと思いますが、一般化し

ていただくとしたら、どういう感じで進んでいくものでしょうか。

毛利 私は出所した人に対して、「TC はあなたにとってどのようなものでしたか」といったインタビュー調査をしたことがあります。変わっていくタイプの1つ目の例としては、TC が期待する効果そのもの、つまりそこで出会ったメンバーに価値観を揺さぶられ考える機会になったという回答がありました。たとえば、ある20代の若者は、「仲間に連れられて一緒に強盗やっちゃったんだ」と言い訳をしながら来た TC のメンバーに、「人のせいにしてるけど自分がやったんだよね」と言われて、ショックを受けて、そこから、「いろいろ言い訳をしながら逃げながら生きてきた自分に向き合って、自分は何がしたいのか、どのような生き方がしたいのか自分と向き合うことができた」と言ってくれた人がいました。刑務所は「不要なことを喋るな」という雰囲気ですが、人と話し、価値観の違いを知り、対話したり、議論したりして、それを通じて自分を知っていくプロセスは更生にも、人としての成長にも本当に大事なことだと思います。「こんなにもオープンに話をするのか」「こんなにも言われるのか」と面喰らいつつ変わっていきます。TC では、これまで通用していた自分の生き方のパターンの歯車が上手くまわらなくなって、変わらざるをえなくなる感じですね。

木下 すべてをさらけ出す怖さもあるだろうから、徐々に、それが許される場ということを理解していって、自分の過去を振り返って、被害にあったり、加害にあったりしたことを話す中で、なぜ自分が犯罪に至ったのかということを、客観的に整理していくというイメージでしょうか。

毛利 客観的に頭で起きたことを整理できる面と、感情面で一度辛いことを引っ張り出して落としどころを見つけていく面との両方のイメージがあります。非行・犯罪をする人に限った話ではないですが、親の顔色をうかがいながら生きてきて自分の気持ちを抑えつけていたとか、自分の気持ちを言ったとしても聞いてもらえなかったという環境で、言わないで生きていくのが当然だった人もいます。TC に来ると、「えっ？　聞いてもらえるんだ」となって、話していくうちに、本当は自分が傷ついていたと気づいたり、他者の傷

つきの話を聞いて自分の記憶を思い出したりしながら癒され、整理していく人もいます。また、こんなことがあってあんな目にもあって自分ってかわいそうと思っていたのが、自分の声を自分で聞く中で、「俺いつまでこんなこと言ってんだろう？」という気持ちになってきて、「変わらないと」となって変わるパターンもあります。もちろん、これまで自分の人生を系統立てて話したことなどなかったので、あらためて話してみると因果がはっきりしてきて対処がわかってきた、という知的な整理の仕方をする人もいます。

木下 声に出して喋ることで、自分を振り返って客観視する時間になっていくのでしょうか。

毛利 それはあると思います。インタビュー調査に応じてくれた放火で受刑した30代の男性は、対話を重ねてくれた警察官のおかげで自分に向き合うことができたと語っていました。「自分のこれまでのことを全部ノートに書いてこい」と言われて、毎日、毎日ノートに書いて、毎日、毎日その警察官がフィードバックをくださったそうです。いろいろな恨みや辛みとか、親とのことも書いた。そして、その警察官と徹底的に対話もしたし、自分の中で自身と対話をすることが本当に自分を変える大きな要因だった、とおっしゃっていました。TC はそうした場を意図的に作っているというだけで、どんな場所でも、誰がやっても、常に自分と向き合い、人と向き合い、自分とも人とも対話するということが、自分の思考を整理していく重要な要素なのだと思います。

木下 良い警察官にめぐり会えたのですね。そういった方もいらっしゃるのですね。

毛利 変わっていくタイプの２つ目は、過去の被害体験を整理していく人たちですね。映画『プリズン・サークル』[3]の登場人物たちが語っていたような虐待の体験を語り、変容していく人たちです。記憶の蓋を開け。他にも、も

3　島根あさひの TC プログラムとそのメンバーたちを取材した 2019 年公開のドキュメンタリー映画。坂上香監督。

ともと記憶はあるけど感情を伴っていないタイプもいれば、記憶すらない人、途中で記憶を思い出す人もいます。一度で思い出せるわけでも、一度で複雑な感情が解決できるわけでもないので、TCでは3カ月ごとに同じプログラムを何度も繰り返し、その都度語ることに取り組んで、少しずつ記憶と感情と思考が変化していくのを待ちます。

木下 毛利さんのお話から、記憶と感情を整理していく過程は、非常に繊細で時間がかかるものだということがわかりました。特に、過去の辛い体験を振り返りながら、徐々に心の中で受け止めていく過程は、非常に重要であると同時に、当事者にとっても大きなチャレンジになるのでしょうね。そうした変化が現れる瞬間や、それがどう形作られていくのかについて、もう少し詳しくお聞かせください。

毛利 最初は「親父にすごい殴られました」といった被害の記憶を軽く語っていた段階から、他人のいろいろな話を聞くことで、どんどん記憶がよみがえってきて、感情が繋がるようになってくる。回を重ねるたびに、少し言葉を詰まらせながらも、「実は殴られているのを母親はずっと見ているのに何も言ってくれなかったことに傷ついた」と深く話をしていくようになります。そして、そのなかで「要領よく生きていかなければいけないと思って人の顔色を見始め、嘘をつき、見栄を張ることに必死になっていった」といった自分に与えた影響を考えつつ、何度も何度も感情を語っていくうちに涙は出なくなっていって、「ああ、あれは自分にとってとても嫌なことだった」「自分はとてもしんどかった」と実感できるようになって、その時の記憶と体験を手放していくというような感じです。刑務所のプログラムは、基本的には1回やって終わりなのですけど、TCのプログラムは3カ月ごとに新しい人を入れながら、同じことを何度もするのが大きな特徴で、それが記憶と体験と思考を整理する十分な余裕を持てる要素になっていると思います。

木下 TCのプログラムが時間をかけて何度も繰り返されることで、参加者が自身の過去を深く見つめ直し、それを徐々に解き放っていける環境が整えられているのですね。そして、その中で他者との関係性やコミュニケーショ

ンが果たす役割も大きいと感じます。特に、自由な時間の中でお互いにフィードバックをし合い、さらなるケアを提供し合うことが、どのように参加者たちの回復に貢献しているのでしょうか。

毛利 変化の1つ目の例にも共通することなのですが、話をちゃんと聞いてくれる人がいるということが大事です。TC の特徴は、生活もともにしているということが特徴なので、プログラムを受けた後に、みんなで自由に話せる余暇時間という時間を設けてあります。人の秘密は漏らしちゃいけないけど、同じグループのメンバーなら今日のプログラムの話をしているので、夕方の余暇時間と呼ばれる自由時間の会話の中で、今日話したことについてさらにフィードバックを受けたり、言い足りなかったことを話したりするなかで、お互いに自分達でケアをすることに繋がるわけです。

木下 生活をともにすることで得られる大切な効果ですよね。

毛利 はい。インタビュー調査をしてみると、「TC はすべてが学びでした」というタイプと「別に何も学んではいないけど悪くもなかった」というタイプがいました。そういう人たちは、劇的な体験があるわけではないけれど、日々の出来事から学べることを自分なりに吸収しながら、自分の世界にはなかった自分が良いなと思うものを取り入れて変わっていったのかなとも思います。変わっていくタイプの3つ目はそうした人たちでしょうか。生活からしみ込んでくる学習も重要な効果だと思います。

木下 今の3つのタイプのお話をしていただいたんですけども、生まれながらの犯罪者という人はいなくて、被害体験や虐待体験といった経験を抱えた人が多いように思いました。

毛利 IES-R[4]という PTSD 症状のスクリーニングのためのチェックリスト

4　改訂版出来事インパクト尺度。Asukai、N.、Kato、H.、Kawamura、N.、Kim、Y.、Yamamoto、K.、Kishimoto、J.、Miyake、Y.、Nishizono-Maher、A.: Reliability and validity of the Japanese-language version of the Impact of Event Scale-Revised (IES-R-J): Four studies on different traumatic events. The Journal of Nervous and Mental Disease 190:175-182, 2002. Ø Weiss, D.S.: The Impact of Event Scale-Revised. In: Wilson、J.P.、Keane T.M. eds.、Assessing psychological trauma and PTSD（Second

があるのですが、TCを希望してくれた人に調査をしたところ、3割くらいの人がカットオフポイント、つまり、その得点以上はPTSDかもしれないので精査しましょう、という点以上を示していました。人種差別、家庭内暴力の被害、非行文化にいた人は仲間内からの暴力被害、たくさんの被害が犯罪の背景にはあるなという感じはしています。

とはいえ、すべての加害者に狭義の意味での被害体験、虐待体験があるわけではありません。成人になるまで犯罪をせず社会に十分適応してきた人もたくさんいます。ただ一見普通の家庭で育っているのだけれども、家族の中のいろいろな関係性で縛られている人もいます。たとえば、お父さんが強くて息子が抑圧されていてものが言えない場合では、自分の本当の気持ちを言うことができなかったり。そんなふうに虐待ではないのだけど感情を素直に表現することが難しい環境にいた人もいて、被害体験・被虐待体験としてくくってしまうことの難しさも感じます。

木下 たしかに、すべての加害者が明確な虐待体験を持っているわけではなく、その背景にはさまざまな家庭環境や心理的な要因が存在することが考えられます。そうした人たちがどのような経緯で非行や犯罪に至るのか、そして、その後の人生にどのように影響を与えていくのか、という点は大変興味深いです。映画『プリズン・サークル』では、虐待など、不遇な家庭環境で育ったために、非行や犯罪に走ったといった背景的要因を抱えている人たちが描かれていました。やはり、そういったことが背景要因ある人が多いのでしょうか。

毛利 『プリズン・サークル』では、直接的な虐待的な環境にいた人がクローズアップされるので、「加害者はみんな被害者」と言われることがありますけど、そうじゃない人もたくさんいるわけです。それは、要領よく生きることができなかったり、思春期や青年期の生きづらさを解決する方法として非行や犯罪を選んでしまったりとか、さまざまな原因があるように感じます。

Edition）. The Guilford Press、New York、2004、pp168-189.

また、たとえば、これまでは普通に生活してきたけど、結婚して子どもができるとパートナーとの関係性が変わったことから、ため込んだいろいろな気持ちの解消法として薬物、酒、ギャンブル、性犯罪という形で外に求めるようになるタイプもいるな、という感じもします。あと、自分の存在価値や男らしさを誇示したかったのだろうなという人もあります。暴力で力を示すというだけではなくて、権力や金といった形で自分を示すことにのめり込み過ぎていろいろと見失うとか。

木下　掘り下げていくと結局、人との関係性の中から何か生まれてくる話なのかなと思いました。

センシティブな問題にどう取り組むか

木下　法務省や厚労省が動いて**地域生活定着支援センター**ができて、**特別調整**の手続ができていった流れの中で、福祉の領域に裾野が広がってきました。それから10年が経って、単純窃盗、無銭飲食、無賃乗車という犯罪を行った人たちに対する福祉的支援が確立してきているように感じています。ただ、10年が経過して、性犯罪や放火をした人の支援をどうしていこうかという局面に入ってきたように感じまています。福祉の専門職であるソーシャルワーカーから、「性犯罪の加害者の方たちに困っています」「どう対応していったらいいのですか」というお話を聞きました。ソーシャルワークとか社会福祉の支援という切り口で考えると、上手い関わり方がしにくかったり、計画を立てにくかったりすることがありますよね。

> **地域生活定着支援センター**　高齢または障がいにより、福祉的な支援を必要とする犯罪をした人などに対し、保護観察所、矯正施設、留置施設、検察庁および弁護士会といった刑事司法関係機関、地域の福祉関係機関などと連携・協働しつつ、刑事上の手続または保護処分による身体の拘束中から釈放後まで一貫

毛利　なぜ、性犯罪だけそんなに困るのでしょうかね。

木下　特殊だというような先入観や固定観念があるのではないかと考えています。お腹が空いてお金もなく仕方なく店先の物を取ったという動機は理解できるけど、自分の性的な欲求に駆られたと言われると支援者たちの中に嫌悪感があるのではないでしょうか。

毛利　性というテーマは、自分たちの経験値や個人の生きてきた価値観が如実に現れ、しかも、それについて話すことは恥ずかしいなどとタブー視されていて、それについて意見交換をする機会も少ないので、倫理観といった観念が現れやすいのでしょうね。福祉の領域でそれについてどうするかというと、やっぱり我々が賢くなるしかない。嫌悪感、恐怖といった感情に揺さぶられないためには、きちんとした知識を身につけるしかありません。もちろん人間だから感情は常に動くわけですけど、**性問題行動**が性欲のみに基づくものではなく関係性の病だと理解すれば、少しは冷静に対応できるようになってくるので。

　あと、やっぱり本人たちがオープンに話せないという事情もあるのでしょうね。児童養護施設で性の問題が起きたということで呼ばれて行ってみると、スタッフが、「問題行動をした子どもがエロ本を見ているんです」ということを小声で伝えてくることがありました。専門職であるにもかかわらず、恥ずかしがってしまい、コソコソと隠すように話をしているのですよね。別に、「支援者もこの１週間でいつセックスしたかを明らかにせねばな

らない」とかそんな極端な話ではないので、性的な話題をオープンに話せるようになる機会をたくさん持つことがまず大切なのではないでしょうか。

> **性問題行動**　性問題行動は性欲の強さや衝動性の高さによって起きるものではなく、攻撃・依存・支配・達成などさまざまな欲求を、相手の感情や権利を無視して一方的に満たす行動であり、人との関係性の持ち方の問題として捉えられている。

木下　そこをすっ飛ばして、専門的な支援の仕方という方法論だけで喋るのでは上滑りになってしまいます。あと、日本では性的なことについては語りにくいという文化や慣習があります。今までの積み重ねてきた文化をぶっ壊せということではないのですが、せめて専門職の間では、窃盗がどうこう、無銭飲食がどうこう、ということと同じレベルで話せなければなりませんね。

毛利　同感です。結局、性はパワーの問題ですから、性について話せないということは、性に対する価値観や羞恥心だけではなくて、組織の構成員が対等ではなかったり、お互い心理的な境界線が侵されていたり、パワーの差があったりすることも原因かもしれません。対象者との関係もそうだし、自分のいる組織もそうだし、対等な関係性で意見を言い合うこととか、心理的な境界線を守り合うこととか、パワーの差があるときにそれを乱用しないこととか、すべて繋がってきます。単に性にオープンということではなく、互いの感情と意見にオープンであるということが反映されると思います。実際、児童福祉施設における子ども同士の性加害の事例を聞くと、そこには子どもたちの問題の前に、職員の組織にパワーの乱用の問題があると言っても過言ではありません。ワンマンの園長に対してものが言えないとか、男女差で処遇が違うとか、母親役割・父親役割みたいなことが暗黙裡に固定化されていて大人の方が自分らしく生きられていないこともあります。

木下　まさにそのとおりです。性の問題やパワーバランスの問題は、単なる

個別の課題として捉えるのではなく、組織全体の文化や構造に深く根ざしたものとして考えなければならないと感じます。特に、福祉施設や刑務所といった閉鎖的な環境では、職員同士の関係性や権力の使い方が、そのまま支援対象者との関係にも影響を及ぼしますよね。性に関する問題をオープンに話し合うことは、単にそのテーマに関する理解を深めるだけでなく、組織内での対等な関係や健全なコミュニケーションを確立するための第一歩でもあります。これを実現するためには、職員一人ひとりが自分の立場や感情に正直であり、互いに尊重し合う姿勢を持つことが不可欠です。

毛利さんが指摘されたように、パワーの乱用が組織内に潜むことで、それがどれだけ支援の質を低下させ、子どもたちに悪影響を与えるか、もっと多くの人の理解が促進していくことを望みます。

毛利　話が戻りますが、TCの手法はそういう「役割」を他者から与えられたものではなく自分なりに模索していく場とも言えます。役割としてのスタッフ、役割としての受刑者というくくりはありますが、それは上下の関係ではなく役割が違うだけです。そして、彼らと対等に会話をしていくという構造を作るための工夫がきわめて重要になります。

ソーシャルワークにおける性犯罪をした人の対応の話に戻りますが、今偶然アメリカに滞在して勉強しているのですが、こちらではソーシャルワーカーが積極的に性犯罪の社会内処遇をしているということに驚きました。日本では主として心理士が処遇を、ソーシャルワーカーさんは環境調整を、といった住み分けみたいになっています。ソーシャルワーカーと心理の仕事の範疇みたいなのの定義も、もしかしたらもっと広がっていってもいいかなと思いますね。

木下　アメリカのソーシャルワーカーって修士、博士、これどっちがどっちになってもいいんですけども、どっちかが心理で、どっちかがソーシャルワークって方が結構、多いんですよね。だから、心理をベースに持ちながらソーシャルワークを展開しているとか、ソーシャルワークをベースに心理のカウンセリングルームを作っているのですが、毛利さんが関わってこられた

ソーシャルワーカーの方たちはどのような感じでしたか。

毛利 今滞在している範囲で出会った人たちという狭い範囲の話になりますが、現地で知り合った人たちには、大学院は出ていなくても、多くの種類の技法を使うプロフェッショナルという感じのソーシャルワーカーがたくさんいる印象です。修士を出ていればなお専門的という感じはしますが。日本で言えば心理師が行うような問題の心理学的見立てや介入、環境の調整なども、両方やっている感じがします。日本はそこを役割分担している印象がありますが、いずれにしても、社会の中に性加害を扱える心理師が少な過ぎるという現状があり、それがソーシャルワーカーにとって「資源がない」感じがして困るということはあるかもしれませんね。

木下 アメリカと日本のソーシャルワーカーは少し違うかもしれませんね。おっしゃるように心理療法を使ったりするソーシャルワーカーが少なくありません。一方、日本では、ソーシャルワーカーの国家資格である社会福祉士養成課程では、心理療法の技法を身につけるようなカリキュラムはありません。もともと、本人に働きかけ本人の変化を促して、生活課題の緩和・解決を試みるのではなく、本人を取り巻く環境に働きかける、社会モデルの視点が強調されてきていますので、私はこれでよいと思っています。ただ、支援に携わる人に、心理的な側面からの働きかけが必要と感じることも多々あります。ですので、そこで心理職と連携がしたいと思うのですが、どこに連携できる心理職がいるのか、どこに働きかければよいのかがわからない場合が多いです。毛利さんが言われるように「資源がない」と感じているのは否めないです。

毛利 全部できるスーパーマンもすごいですが、役割分担でもよくて、でも両方大事で、連携の必要はあると思います。性の問題は、性欲の問題ではなく関係性や感情への対処の問題なので、どこかで治療を受けて終わるものではなくて、セラピーの中で学んだり考えたりしながら、実社会の中で、もう一度、対等な関係性を取り戻す練習が必要です。基本的な知識を教えるとか、歪んだ性にどのように対処するかといったことを教えていくことは心理

がやって、ソーシャルワークの方たちは彼らと息長く連携を取りながら、日常生活の中でここで学んだことが、ほら起きたでしょみたいなところとかを連携しながら一緒に介入をする。何か危機があったらまた一緒に集まって、お互いの知恵を絞り、制度を使うだけではなくて、彼らの生活で起きたことを一緒に議論して支える。心理は心理で性に関する知識を生かしながら、ワーカーさんはずっと寄り添っている立場から支援をするというチームワークが組めたら、すごくいいのでしょうね。心理だけでやっていても絶対変わらないなという感じがしています。

島根あさひの「回復」プロセス

木下 TC という場をどのように作っていくかというお話をしていただいたんですけども、具体的にこういうふうに始めて、こういうことを中でやっていって、こういうふうに終わっていく、というプロセスを簡単で結構ですが教えていただいてよろしいですか。

毛利 島根あさひを退職して何年か経ってしまったので、私が経験していた当時のことでお話させていただきます。まず選定プロセスです。最初は本人に希望を出してもらって面接をします。選定の条件は **CAPAS 能力検査**という受刑者向けの能力テストが70以上であること、深刻な精神疾患がないこと、残りの刑期が６カ月以上あることの３点です。

CAPAS 能力検査　受刑者を母集団として開発されたもので、IQ 値とは異なる。2019（令和１）年〜2022（令和４）年の新受刑者（男女含む）のうち、能力相当値70以下の人は、テスト不能の人を含め全体の約21〜24％程度である。法務省「矯正統計調査　新受刑者の罪名別能力検査値」2022年〈https://www.e-stat.go.jp/dbview?sid=0003272544（2024年６月20日最終閲覧）〉。

木下　CAPAS を使うのですね。今の説明のみをうかがうと、IQ が低めの人、精神疾患がある人、刑期が短い人を排除してしまうようにも聞こえるのですが、その条件が設定された理由はどのようなものなのでしょうか。

毛利　CAPAS は受刑者を母集団にして作られた検査なので、CAPAS で70だと実際の IQ70よりもっと低いくらいです。能力／IQ が低いと治療共同体ができないという意味ではなくて、取り入れたアメリカの治療共同体「アミティ」のテキストは言語を主に用い、かなり抽象的な概念も扱うものだったために島根あさひの TC 独自で設けた条件であり、他の治療共同体が IQ の低い人を排除するということではありません。

　あと、深刻な精神疾患がないということも条件です。自分の過去の記憶と向き合うだけではなく、対人葛藤が起きるためストレスフルなのですね。治療には大事なことなのですけど、それに耐えきれずに軽度の鬱があった方が悪化することがあったため条件を後から追加しました。

　残りの刑期が６カ月以上という期間にも理由があります。成人の場合、自分の生き方や考え方がある程度定着していますので、１〜２カ月のプログラムを受けてすぐに変わることはありません。最低、半年はいてもらわないと効果は出ないのではないかということで、お手本にしたアミティの人たちと相談して決めた基準です。

木下　なるほど、納得しましたし、明確で論理的な理由があったのでほっとしました（笑）。

毛利　３カ月に１回、新しい人を募集することになっているので、既存のメンバーに新しい人が入ってきて、プログラムを終えた人が出ていくシステムになっています。58人定員のユニットに50人くらいの参加者で安定して運営していました。受講期限は最初は設けていませんでしたが、人の循環を良くするために１年半とし、その後刑期が長い人は出所前の６カ月間だけ帰ってくることができるようにしていました（**図1**参照）。

　入って最初の１〜２週間はオリエンテーションがあって、その後は、午前に実施するＡグループと午後に実施するＢグループと２つのグループに分か

図1　TCユニット受講の流れ

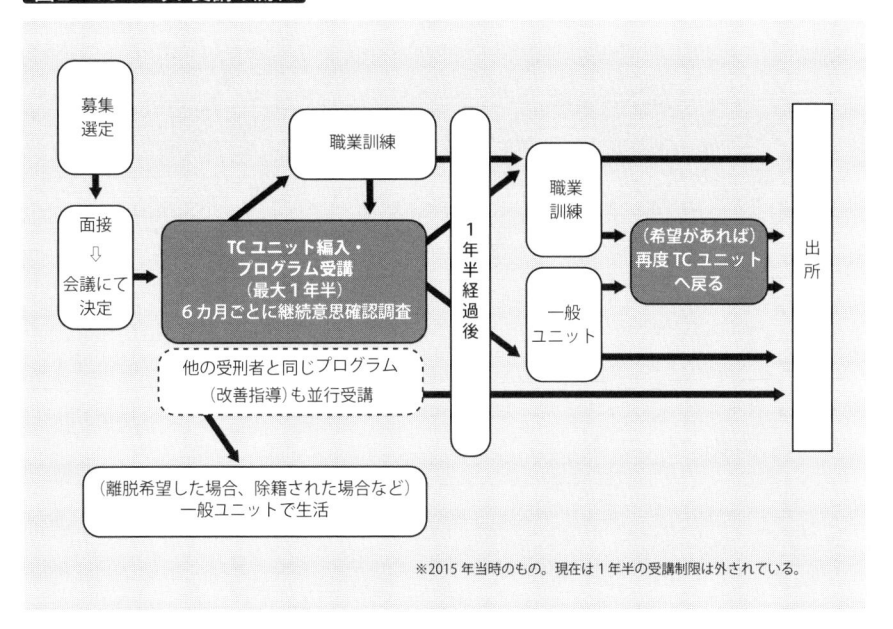

※2015年当時のもの。現在は1年半の受講制限は外されている。

れて、週3日、3時間ずつプログラムを行なっていきます。ユニットミーティングといわれる全体でのミーティングも合わせると、合計週12時間ほど教育の時間になっていました（**図2**参照）。

木下　結構な頻度ですね。

毛利　そうなんです。刑務所の中にしては結構な頻度でやっていました。プログラム以外にも毎日、夕方に全員で集まって連絡事項を伝えるユニットミーティングというものもありました。コミュニティをつくるために、毎日の連絡事項を伝え、治療共同体を運営するのに大事なアファーメーションも行います。これは、「今日のグループで頑張って自分のことを語っていたね」とか、「みんなが見ていないところでゴミを拾っていたのを見たよ」などと、メンバー同士が互いを肯定するプロセスです。我々もそうですが、日常において面と向かって相手を肯定するというのは自然にはなかなかできません。また、グループワーク内では、互いの問題性を指摘し、改善のために厳しい

図2　TCユニット時間割表

	7:30			
月曜日	矯正指導日日課 （時間割は別途毎週掲示）			
火曜日	運動	9:00～12:15 職業訓練（基礎科目 A） （多目的ホール：全員）		昼食
水曜日	作業	9:10～12:00（実質～11:45） カリキュラム・エンカウンターグループ （5－1教室） 作業		移動 昼食 運動
木曜日	作業	9:10～12:00（実質～11:45） カリキュラム・エンカウンターグループ （5－1教室） 9:00～12:15 職業訓練（基礎科目 A） （5－3教室）		移動 昼食 運動
金曜日	作業	9:10～12:00（実質～11:45） カリキュラム・エンカウンターグループ （5－1教室） 作業		移動 昼食 運動

		16:50	17:40

15:20〜16:50
ユニットミーティング（90分）
（多目的ホール：全員）
※都合により時間変更あり

12:45〜16:50
作業

17:40〜18:10
18:10〜18:40
ユニット
ミーティング
（多目的ホール）

作業
13:30（実質 13:40）〜16:20
カリキュラム・エンカウン
ターグループ（5−1教室）

16:20〜16:50
ユニット
ミーティング
（多目的ホール：全員）

作業
13:30（実質 13:40）〜16:20
カリキュラム・エンカウン
ターグループ（5−1教室）

16:20〜16:50
ユニット
ミーティング
（多目的ホール：全員）

17:40〜18:10
課題学習※
（居室ないし
多目的ホール）

作業
13:30（実質 13:40）〜16:20
カリキュラム・エンカウン
ターグループ（5−1教室）

16:20〜16:50
ユニット
ミーティング
（多目的ホール：全員）

※課題学習：カリキュラム・UM 係、生活管理係、まとめ役と、まとめ役に話がある人
のみ多目的ホールに出て話合いを行います。それ以外の方は、日記を記載するか、そ
の日に出た宿題を行ってください。他の自主学習を行ってはいけません。
※2015 年当時のもの。

ことを言い合ったりすることもあります。これを続けていくことで、個人の変化としては他者の良いところを見つけることができるようになったり、照れずに相手に肯定的な言葉を伝えられるようになったりします。頑張りを見てもらい、ほめられることは大人であっても嬉しいことですから、動機づけも高まります。また、厳しく指摘することと支え合うことの両方を通じて絆を深めていくことで、コミュニティの凝集性が強くなり、変化を促す治療的な雰囲気が増していきます。

木下 たしかに日常において、面と向かって相手を肯定するというのは自然にはなかなかできないですよね。われわれソーシャルワーカーも、意図的に支援に関わっている人の強みを見出し、その強みを本人と共有し、問題解決にいかすことを試みます。これをストレングスモデル、と言っています。話を戻しまして、それで、その3カ月で教育として何をしているのでしょうか。

毛利 アミティのテキストと認知行動療法 [→154頁] に基づくオリジナルで作ったテキストを実施しています。最初は何が何だかわからず最初の3カ月で両方を詰め込みますが、すでに述べたように、同じ内容を何回も繰り返します。何を言っているかわからなかったところから、内容を理解できるようになって考えが深まっていきます。編入から時間が経ってくると、そのクールごとに、「今回の3カ月はアミティのテキストのこの部分だけやろう」「今回は認知行動療法のテキストだけを3カ月やろう」という形で集中的に実施したりもしました。

木下 ありがとうございます。毛利さんの話をうかがうと、アミティでのプログラムが、単なる反復学習にとどまらず、メンバーの理解度や進行状況に応じて柔軟に調整されていることがよくわかります。実際の場面でどのように工夫されているのか、また、プログラムが進行する中でどのように変化していくのかについて興味があります。

毛利 また、AグループとBグループに分けたうち、Aグループに以前からいる人たちが入るようにしていたのですが、古いメンバーたちがいるグルー

プは時々、マンネリ化しないように支援員が考えたオリジナルの新しいプログラムもやっていました。「このグループには被害者のことを考えてもらおう」「感情が全然復活されていないグループだから、感情について考えるプログラムをやろう」といった感じです。映画『プリズン・サークル』で描かれていた被害者と加害者の対話のロールプレイなどは、支援員オリジナルの内容ですね。

　もうひとつの特徴は、その古いメンバーがいるグループでは、入ってから6カ月以上経った人たちがカリキュラム係に任命されて、自分たちでカリキュラムを運営してもらうということをやっていました。人は受け身で学ぶより教えるほうが勉強になります。

木下　ちゃんと理解していないと人に教えられないですからね。

毛利　そうなんです。あれはとても良いシステムだと個人的には思っています。彼らは自分たちで熱心に勉強して、「これってどういう意味なの」と言いながら、お互いに学び合う雰囲気を作っていました。

木下　そして卒業の基準です。

毛利　6カ月に1回、本人自身にも、自分で出ていきたいかどうかを決めてもらうタイミングも作っていました。やはり合う・合わないはあると思いますので、調査を行って、離脱したいと意思表示すれば何のデメリットもなく一般ユニットと呼ばれる通常のユニットに出ていくことができます。ただ、彼らの意向だけではなく、我々としても、除籍の基準を作って場合によってはその6カ月でTCから一般ユニットに戻ってもらう対処もしていました。除籍と言ってもある日突然追い出すわけではありません。自分の起こしてしまった事件に向き合おうとしなかったり、周りをかき乱してしまったりする場合に、「あなたのこういうところを変えてほしいと思っています」と伝えて面接を行い、注意指導を何回かします。それでも変化の努力が見られない場合のみ、除籍としました。ただ、そんなに頻繁にこの権限は行使はしていません。実際に出したのは、私の記憶では6〜7年やっていて数回とかです。

実感したさまざまな効果

木下　実際にずっと8年くらい携わってこられて、どういう効果を感じていらっしゃいますか。

毛利　一人ひとりに焦点をあてると、多くの人が変化したと感じています。ただ加害者の支援で最も難しいのは、効果は数字で示さなければならないということです。実はアメリカやイギリスの**刑務所内 TC** が認められるようになったのも、研究者と協力して再犯率の低下効果を示したからでした。「良いことをやっているね」というレベルでは予算がつかない。立ち上げの際、「アミティ」の方には「データと物語を作りなさい」と言われました。一人ひとりの変化の物語を伝え、効果を質的に伝えるとともに、データで量的に再犯率低下を示しなさい、という意味です。

> **刑務所内 TC**　アメリカの TC は当初連邦刑務所主導で実施されたが、内部腐敗やスタッフ同士の軋轢・バーンアウトなどにより次々閉鎖された。この状態を懸念した TC の団体は、1980年代から州立刑務所で行われるようになった TC について、研究者と協力してその科学的な効果検証を行い、刑務所内 TC を受講しその後コミュニティ TC にも通った人の薬物再使用率・再犯率が、TC 非受講者や、刑務所内 TC だけの受講者よりも低いことを示し、その効果を実証した。イギリスの刑務所内 TC でも、受刑者を選びすぎている、コントロールできていないなどとして規模が縮小された時期があったが、再犯率低下効果が後に実証されたことでその権威を回復し、現在も刑務所内 TC が続けられている。

木下　それ、とてもわかります。データのみでは人は動かない。人が動くときは具体的な事例で心が揺さぶられたとき。ただ、事例だけでは政策にはならない。政策を策定するには大きなデータが必要。とすると、やはり両方が

必要なのだ、ということを、ソーシャルワーク実践を展開するうえで実感しています。

毛利 島根あさひの TC について再犯率を分析した論文を出したのは退職した後の2018年です。単純に島根あさひの一般ユニットの人と TC の人を比較しても、「良い人が入っていただけだろう」「希望しているのだから動機づけが高く、当然変わるだろう」という問題が出てくるので、傾向スコア分析という手法を用いて、TC を受講した人と同じような人、つまり、年齢や罪種などの要素が似ている人を抽出して、TC 受講者と非受講者で刑務所再入所率を比較しました。その結果、TC 受講者は非受講者の半分ほどの刑務所再入所率であることを示すことができました[5]。

木下 なるほど。効果が目に見えてわかりますね。

毛利 肌感覚としての変化というところでいくと、肩入れしすぎなだけかもしれませんが、劇的に変化をしていっていることが見るからにわかります。顔つきが変わっていくのがわかるんです。あと、「この人は再犯するんだろうな」「全然変わんないな」と思っていても、社会に出てから連絡をくれたのでお会いしてみると、ガラッと変わっていたこともありました。島根あさひでのプログラムがその人の基本となって、出会いの捉え方が良くなっていて、実際に変わっていった人もいました。プログラムひとつが誰かを変えるのではなくて、いろいろな積み重ねと人との出会い方が変化に重要なのだなということも実感しました。

木下 プログラム単体ではなく、プログラムが基盤になり、そこに人との関わり、さまざまな社会経験が重なることで、人は再犯から遠のいていくのですね。

毛利 インタビュー調査では、彼ら自身がその効果を話してくれました。彼らが口を揃えて言うのは、「自分のことをよく話すようになった」というこ

---

5 TC 受講者・非受講者の再入所率は非受講者 19.6％、TC 受講者 9.5％で約半分の再入所率であった。毛利真弓＝藤岡淳子「刑務所内治療共同体の再入所低下効果—傾向スコアによる交路調整を用いた検証」犯罪心理学研究 56 巻 1 号（2018 年）29 ～ 46 頁。

とです。普通の会話も含めてだと思うのですが、家族に、「あなたそんなに
よく喋る人だったっけ」と言われるくらい、すごくよく喋るようになるそう
です。自分の気持ちを人にちゃんと伝える、人の気持ちをちゃんと聞くと
いったようにコミュニケーションに繋がって、家族や親しい人たちとの関係
性が安定する。前は喧嘩できなくて黙って我慢していたのが、出所後時に激
しく喧嘩するようになってしまったけれど、むしろちゃんと喧嘩ができるよ
うになったと肯定的に捉えている人もいました。とにかく、やりとりができ
るようになったという人がたくさんいたことと、あと自分の感情がわかるよ
うになったということを多くの人が話していました。話せるようになること
が再犯防止に直結したり、それだけで歯止めになるわけではないけれど、感
情がこじれて人との関係もこじれていろいろなことが蓄積していく段階にな
る前に、ほぐすことができるようになったという感じなのではないかと想像
しています。いろいろなことが溜まっていく前に手を打てるようになったと
いうような。

木下　今のお話からすると、受刑者が自身の感情を理解できるようになった
ということ、人とのコミュニケーションが円滑になったということ、この2
つがとても効果があったというわけですね。

毛利　彼らが語る効果はそうですね。

木下　自分の感情がわかったり見切られたりするトレーニング、それから人
とのコミュニケーション、話をしっかり聞く、自分の思いをきちんと伝える
ということがトレーニングの軸になっているわけですね。

毛利　そうですね。そして、TC では毎日、毎日、毎日、そればかりやらさ
れるわけです。

木下　でも、罪を犯した人だけじゃなくて日本人全員がそのトレーニングを
受けたら、とても穏やかな世の中になるような感じがします。

毛利　「小さいころ学校で TC をやってくれていたら、俺、犯罪しなかった
かもしれない」と受刑者にも言われたことがあります。

　効果という点とは少し話がずれるかもしれませんが、島根あさひが始まっ

たときは、全国の刑務所から受刑者が集められ、受刑者たちからは、「スタッフは敵だ」といった殺伐とした雰囲気が漂っていました。前の刑務所で刑務官をいかにからかったかを得意げに話をしたりする人もいれば、以前の刑務所にはほとんどいなかった女性職員を見て浮き足立ち、女性職員の手を触ろうとしたりする人もいて、敬意ある関わりが存在しませんでした。でも1〜2年経って、最初から島根あさひに来た人の方が多くなって、互いに普通の人として話すという文化ができてくると自然と殺伐とした雰囲気がなくなりました。刑務所の雰囲気はとても大事です。受刑者が「さんづけ」で呼ばれて、暴力的な扱いを受けないで人として扱われる。尊重される体験がちゃんとある。だから職員も尊重される。TC には見学などで外部の人たちもたくさん来てくれて、時には話をしてもらって交流していたのですが、そうした「普通の社会」と繋がりがある雰囲気を維持できているだけでも潜在的には効果があるのかなという気がしています。社会にいずれ戻るので、社会で尊重されるものは刑務所でも尊重されるという社会との分断がないことそのものの効果っていうのも、あるのではないかと思います。

木下 ノルウェーの刑務所がそうですよね。犯罪を犯すのは何かしら生きるためのスキルが欠落していたり、不足していたりする。だからそこを、刑務所に入ってトレーニングして、社会復帰してもらうという考え方の下、運営されています。

毛利 話が変わってしまいますが、TC とか島根あさひでうまくいかなかった人に、社会でバッタリ会ったことが何回かあります。反抗的というかひねくれた感じでまったく教育にのらないで、懲罰とか行っちゃった方だったのですが、何年も経って支援者になっていて、とある所で再会したことがありました。そして、「あのときに毛利さんに言われた一言は、今でも覚えています」と言ってくれました。私は、彼に何を言ったかまったく覚えていないのですが、当時私の声は響かなかったけれど、出所してからのいろいろな出来事が歯車みたいに噛み合ってきて、「あのとき、毛利はそういうことを言っていたな」と思ってくれたわけですね。他にも複数回あるんですよ。本

当に道端で会ったときに謝ってくれたりして。特別なことではなくて、一生懸命ぶつかってくれる人がいるというだけでも違うのかなと思います。

支援者といえどもやはり「人対人」というところはあって、インタビュー調査から彼らがスタッフをよく見ているんだなっていうことがよくわかりました。誰々さんは仕事でやっているなとか、誰々さんはマジでやっているなとか、みんなで噂をして、スタッフを見極めているわけです。

木下 本気で話を聞いてくれるとか、一緒に伴走してくれようとする人がいるというだけで、人は変われるのかなと思いました。

毛利 もちろんプライベートまで割いて熱心に関わる必要まではなくて、自分のできる範囲の中で、自分の与えられている時間の中で、全力でいいんだろうなと思っています。私なんかプライベートを割いて、彼らと一緒に生活をともにしたわけでもないのですが、それでも響いてくれる人は響いてくれるし、「あいつ大嫌い」と言って去っていく人は去っていくわけです。

支援とともに自分も生きやすくなった

木下 そもそも毛利さんはなぜ加害者支援だったのですか。

毛利 学生のときに興味を持っていたのは、統合失調症の方たちの対人関係でした。妄想や幻覚、理解されないような状況や状態にあっても実は現実のことをその人なりに感じていて、本人なりにコミュニケーションをしているということを本で読んだことがあって、人間って面白いなと思ったんです。

もっとさかのぼると、その前にヴィクトール・フランクルの『夜と霧』[6]を読んで、差別する側に対して人間ってこんなひどいことができるのかということと、収監されている側もそんな極限状態でも希望を持って生きられるん

---

6 ヴィクトール・E・フランクル（池田香代子訳）『新版 夜と霧』（みすず書房、2002 年）。第二次世界大戦中にナチスの強制収容所に収監された精神科医である著者が、収監時の体験をもとに極限状態にある人の心の動きや人生の意味について考察した書籍。

だという両面から、人間の底知れなさや不思議なところに引かれていました。おそらく、「すぐには人に理解されない人の世界を理解する」ことに関心があったと思います。そんなとき、就職活動もせずにぼんやりしていたら、法務省の方から「法務省の心理技官の仕事があるから受けてみないか」と言われて、最初は定職目当てで入りました。でも実際に仕事をしてみると、社会から「なんでおまえたちそんなことするんだ」と言われている人たちがいて、その人たちから「どうしてそういうことをしたのか」を豊富に聞ける環境があって、不謹慎かもしれませんけど、「人間って面白い」と感じることがあって、この領域にはまっていきました。

木下 「なんでこんな人たちを支援するのか」という声がありますが、そういうことを感じたことはありますか。

毛利 実はありません。体験として大きかったのは、鑑別所に採用された初日に見た悪夢です。勤務初日に、ここが鑑別所だよって施設内を見て回って、生まれて初めて手錠を見て、鉄格子を見て、中から開けられない扉を見て、たくさんの新しい体験をしたんです。そうしたら、その夜、過去に自分がやった悪いことで捕まる夢を見ました。もちろん、自分も清廉潔白じゃないから、人を傷つけたり、悪いことをしたりしたことはもちろんあるわけです。そういう記憶が刺激されたのでしょう。それまでは非行・犯罪の世界は完全に「あちら側」で、自分が属している世界ではないような感覚でしたが、目が覚めて考えてみると、私はバレて捕まっていないだけで、もしくは人は傷つけたけど違法じゃないから捕まっていないだけで、こちら側と思っていたものとあちら側にいる彼らの違いは何なんだろう、別に根本的には違わないと思った体験でした。

木下 犯罪に至った人の支援に携わっている多くの人が、口にされることですね。罪を犯すというのは、他人事ではない。常に自身と地続きであるということを意識していると。私も被疑者・被告人 [→019頁] や刑務所を出所した人の支援に携わるようになってから、その感覚はとても強くなっています。罪に至るまでの生活歴や背景について丁寧に聞けば聞くほど、「ああ、

他人事ではないのだな。いつ自分が同じ立場になってもおかしくないんだな」と。

毛利　そうですね。加害と被害について、人と人との関係性について考え、学ぶほど、自分の加害性とかもたくさん向き合わざるをえなくなりました。そうなると、自分と支援の対象者の違いなどわずかでしかないという感覚で、自然と拒否感を感じることはありませんでした。さらに、TC で働くようになって、彼らがしんどいことに向き合い、それでも前向きに生きていこうとする姿や、本当に成長していく背中を見ていると、むしろ尊敬の念を抱くことさえありました。自然とお互い、長所も短所もあるだけ、という視点になりました。支援の対象者として下に見ることもなく、気を遣って「グループワークで考えていただく」ということでもない、TC の対等な関係性がとても性に合っています。TC で私自身も自分のことを話していくと、自分もすごく生きやすくなった感じがありますし、彼らに成長させてもらった部分や支えてもらった部分もたくさんあります。「スタッフとして正しく生きなきゃ」「間違ってはならない」とかじゃなくて、「毛利さん何してんだよ」「ごめーん」とかって言いながら、互いの欠点を笑いながら受け止めながら生活するのはすごく自分らしくいられた気がしました。そんな体験の連鎖があって今ここに至っています。

　前に書いたコラム「自分の弱みだったことが強みに変わるとき」が実際にさまざまなプログラムで活用されている。その代表的なものの１つに「治療共同体」というものがある。毛利さんの章の中で詳しく書かれているので、このコラムでは説明を省くが、治療共同体の誕生や展開を見ていくのも興味深い。たとえば、アメリカのアリゾナ州に拠点がある「アミティ」は最も有名な治療共同体の１つであると言えるのではないだろうか。自分自身も薬物依存の問題を抱え受刑歴もあるナヤ・アービターさんが80年代からファウンダーの１人として活動している。また、これらの治療共同体の活動は幅広く、刑務所の中でも実施されていることがある。坂上香監督が映画として紹介した『Lifers〜罪に向き合う〜』では、この治療共同体の活動の幅広さを認識することができる。なんと、この映画では終身刑受刑者が終身刑受刑者との分かち合いをすることによって、悩みや苦痛をやらわげ改善更生に導いていくというものを描いている。前のコラムでも書いたが、同じ悩みを抱えている当事者同士が語り合うことで虚勢を張らずにありのままの自分でいられること、安心できる場所を獲得していくということが目指されている。日本の刑務所でも注目すべきものとして同じく坂上監督の映画『プリズン・サークル』が話題となっている。

　上記のものは地域社会で行われているものや、終身刑受刑者がプログラムの１つとして行なっているものであるが、筆者は刑務所の中で建物全体を治療共同体ユニットとして運営しているプログラムにも海外で参加させてもらったことがあ

る。プログラムをするときだけ集まるのではなく、普段の生活もその建物の中で当事者同士で運営している安心できる場所が刑務所内に存在するのだ。窮屈な独房から解放されているからか、筆者の訪問を歓迎してくれて、笑顔で質問に何でも答えてくれた。もちろん、「刑務官には言えないことってないの？」という質問にも。

（丸山泰弘）

5 章

「医療刑務所」×「ニーズが高い人」
＝地域社会でともに生きるために

　加藤公一さんは、刑務官としてのキャリアをスタートし、精神科病院での看護や障がい者の就労支援など、多岐にわたる分野で活動してきた。この経験を通じて、刑務所の運営や受刑者の処遇に対する新しい視点を提供する。受刑者をただ監視し罰するのではなく、社会復帰を支援するための教育とケアの重要性を訴える。また、受刑者が出所後に社会に適応するための包括的なサポートシステムの構築にも取り組む。この取組みは、再犯防止のためのプログラムや地域社会との連携強化に焦点を当て、受刑者の再出発を支援する環境を整えることを目指している。現代の刑務所運営が抱える課題と受刑者支援の新たなアプローチについての理解を深めることができるだろう。

加藤公一
かとう・こういち

看護師。現在は国の行政機関における障害者雇用の支援体制整備に携わる傍ら、精神科病院にてデイケアの外部講師、看護学校での非常勤講師を務めている。高校卒業後、法務省法務事務官として受刑者の処遇に携わり、医療刑務所にて看護職の資格を取得。その後、精神科病院にて急性期病棟看護に従事。発達障害専門の病院での病棟、デイケア、訪問看護の管理者を経て、民間企業では発達障害に特化した就労移行支援事業所を開設。東京都発達障害者支援センターでは、発達障害者地域支援マネージャーとして地域支援体制整備に携わる。2022 年 8 月より現職の傍ら成人期の触法者に対する障害特性等に応じた専門プログラムのアドバイザーや障害傾向のある受刑者と関わる矯正職員の人材育成に携わる。

刑務官という職の特殊性に抱いた違和感

木下　加藤さんは刑務官の頃に医療刑務所に移られて准看護師の資格を取られたということですが、それは、上司の命令があったのですか。それとも、ご自身が准看護師の資格を取りたいと思われたのでしょうか。

加藤　職員本人の希望をもとに選考がありますが、国の取組みで行っているものなので、基本的に業務命令という形になります。ただ、10年希望し続けても、**医療刑務所**に配属されない人もいました。私は、上司のすすめもあって希望を出した1年目で辞令をいただきました。

医療刑務所　医療刑務所は、身体的・精神的に特別な治療や看護を必要とする受刑者を収容する施設である。法務省によれば、医療刑務所では、受刑者が適切な医療を受けることができるよう、医療スタッフが常駐しており、専門的な治療が行われている。これにより、受刑者の健康管理が徹底されている。詳細は法務省のホームページに記載されている〈https://www.moj.go.jp/kyousei1/kyousei07_00043.html（2024年7月10日最終閲覧）〉。

木下　ここで希望されたのは何か理由があったのですか。准看護師として受刑者の方に関わった方が良いなと思われた積極的な理由はありましたか。

加藤　もともと、私は刑務官を希望していたわけではなくて、医療福祉の資格を取りたいと考えていました。家庭の事情で進学ではなく就職をするという道を選んだときに、たまたま刑務官という職務に就いたわけです。私は、社会というものを知らず新卒で刑務官になった人間でしたから、初めて出会う社会人としての同僚や先輩のすべてが刑務官で、塀の中という環境だったわけで、刑務官という職種の特殊性に違和感を抱き始めました。人が人を見ていくという職業として私が思い描いていた、人と接するというイメージとはかなりかけ離れた仕事でした。そんなとき、たまたま矯正職員でも、医療

福祉の道があるということを知って、上司からすすめられて応募しました。

木下　違和感とは具体的にどういったものですか。

加藤　刑務官は職務に就くときに、まず教育機関に送られるわけではありません。全国各地で新しく刑務官になった職員がいますから一度に教育ができないわけです。なので、私の場合は半年以上過ぎてから順番がまわってきて、初等科研修に行くことになりました。それまでの間は素人同然のままで現場に立たされるわけです。

木下　教育を受けるまでの間、現場での経験がどのように刑務官としての意識や態度に影響を与えたのかについて、さらにお話しいただけますか。

加藤　受刑者の立場で何かを考えるというよりは、刑務官は、ほぼ丸腰で複数の受刑者と関わらなければなりません。そのため、職員が安全に施設を運営するということ、受刑者同士のトラブルが生じないようにするということを徹底する必要があります。規律違反がないように常に受刑者を監視し、不審な点はないかという視点で関わっていました。刑務官同士の私語、受刑者との私語は厳禁で、受刑者とは視線を合わすこともままならない環境でした。10代で刑務官になりましたから、その中での当時の自分の気持ちを思い返してみると、刑務官としてどうあるべきかという姿を模索していくのですけど、まず受刑者になめられないこと、バカにされないということです。そのためには努力せよということが、先輩の教えでしたし、上司の教育であったと当時は思っていました。

　そのような環境に身を置いているうちに、この言い方は不適切かもしれませんが、受刑者を人格を持った人として扱えない、いわば感情を一切入れずに対応せざるをえない場面に直面しました。私自身の人格が崩れていくような感じでした。

木下　**脱人格化**しないと勤まらない現場だったということですよね。

> **脱人格化**　自己の感覚や思考、感情が現実のものではない、あるいは自己から切り離されているように感じる精神的な状態を指す。この状態にある人は、自

加藤 受刑者に感情を一切入れずに対応せざるをえない場面があったとしても、なぜそういう扱いをする必要があるのか、丁寧にプロセスを教えてくれる人が現場にはいません。先輩がやっていることを見よう見まねでやっていかざるをえませんでした。今はどうなっているかわかりませんが、手順を追って教育を受けるという状況ではありませんでした。

木下 その後、医療刑務所に希望を出すことで医療職、福祉職に就けるかもしれないという期待を持って希望を出したわけですね。

加藤 そうですね。医療刑務所への移動の命令を受けて、准看護士養成所に入ることになりました。刑務官の資格を持っている人間が入る学校なので、准看護師の資格を2年で取って、その後また元の施設に戻ることになります。その際に刑務官としての階級が上がります。通常、15〜16年かかるところを2年間で一気に階級が上がる、通常のキャリアとは異なるものです。養成所では、法律の勉強や警備活動訓練に半分の時間が費やされ、残りの半分で准看護師としての教育を受けます。養成所が夏休みの間は、医療刑務所の刑務官として組織運営に関わります。

木下 准看護師の資格を取ってからは刑務官という立場と准看護師という2つの立場で勤務することになるのでしょうか。

加藤 そうですね。刑務官が准看護師の資格を取るという形になるので、二足の草鞋を履くということになります。一般の正看護師の免許を持っている人は、**技官**という立場で、刑務所で勤務することが多いのですが、刑務官が准看護師の資格を持って働く場合は官服の上から診察衣を羽織って職務に就いていました。

> **技官** 刑務所で働く看護師は法務技官として採用される。法務技官は、法務省管轄で働く専門職の総称で特定の分野（ここでは看護師）の技術を持つ職員を指す。これに対し、刑務官は法務事務官として採用され、被収容者に対し、日常生活の指導、職業訓練指導などを行うとともに刑務所などの保安警備の任にあたる。

木下 なるほど、刑務官としての業務に加え、准看護師としての業務も並行して行われているわけですね。その場合、刑務官としての立場をどのように保ちつつ、看護業務を行っていたのでしょうか。両者のアイデンティティを持ちながら、というのは難したったのではないでしょうか。

加藤 技官として入っている看護職がやるような看護行為はもちろんできますが、あくまでも刑務官としての職務を念頭においた看護行為が求められます。その場合、受刑者とは刑務官として要求される距離感を維持しなければなりません。薬を受刑者に渡す業務があります。これは、官服の上から白衣を着ている刑務官が、担当の受刑者と一緒に各工場をまわって薬が入っている木箱を持って行って薬を受刑者に渡すというものです。受刑者が、自分の症状を書いた願箋という紙を准看護師の資格を持った刑務官に渡します。診察室で医師と受刑者の間に立って監視をしながら診察の介助をしたり、病舎と呼ばれている病気になったり怪我を負ったりした受刑者が休む舎房で療養している受刑者を定期的に見まわったりすることをしていました。

木下 基本的には、准看護師の資格を持たない他の刑務官と一緒に動く感じですか。

加藤 准看護師の資格を持っている刑務官は個人で動けますが、医療刑務所であっても、医療施設を伴っている刑務所であっても、看護師として勤務をしている職員には必ず刑務官が一緒に同行して動きます。たとえば、点滴を取り換えたり、バイタル測定として、血圧、脈拍、体温を測ったりする看護行為を行うために、受刑者と直接関わる場合には、必ず刑務官が傍らにいなければなりません。けれども、刑務官である准看護師に関しては、そもそも

ベースとして刑務官の教育を受けていますから、そこは刑務官としての立ち位置で動けることになりますから、単独で行動できます。

木下 技官である看護師が他の刑務官と一緒に動くということは、言ってみれば、隙をつくらないという意味があるのですかね。

加藤 刑務官の経験がない一般の看護教育を受けてきた看護職ですから、受刑者に対する関わり方は専門外なので、刑務官と行動をともにする必要があります。

木下 准看護師の資格を取ってみて、以前に感じていた受刑者の対応についての違和感は解消されましたか。

加藤 医療刑務所の養成所では、刑務所でも実習をしますが、民間の病院でも実習をします。民間病院で実習をしていたときは、患者さんやそのご家族との関わりの中で情緒的な交流が必要になってきます。お互いの信頼関係を作るために、患者さんと視線を合わせながら雑談をしたりします。他方で、受刑者の看護に関わるときはまったく対応が変わります。ただ、どうしても刑務官としての立ち位場が基本になりますから、患者さんに寄り添うといったものではなくなってしまいます。受刑者から自分の身を守るための脈拍の測り方を教えられましたし、「もし受刑者が医師を襲撃するようなことがあったら准看護師の刑務官が身を挺して医師を守りなさい」という教育も受けました。ただ、刑務官のときは番号で呼んでいた受刑者を、准看護師の立場のときは、白衣を着ますので、「○○君」と君づけで呼ぶことができました。そのときは受刑者を個人として扱うことが許される瞬間ではありました。

脱人格化せざるをえない環境

木下 実際に、受刑者が医師や刑務官を襲ったりすることはありますか。

加藤 自分の納得のいかない処遇や診断、扱いを受けたときには、やはり受

刑者も人間ですから、不満を何かしらの形で訴えるということはしますね。なので、それが暴力的になるということも想定しておくことになります。

　実際、私が過去に刑務官のときに、一度だけ襲われたという体験があります。規則違反をして自傷他害のおそれがあるということで、保護室に収容された受刑者がいました。おかもちにご飯を入れて持っていくのですけれども、机も椅子も何もありませんから、食事を直接床に置くことになります。扉を開けて床に食事を置いたときに、受刑者の前に私がかかんで、自分の頭を下ろした瞬間に、私の首元をめがけて隠し持っていた箸を私の首に刺そうとしました。そのときは私の後に控えていた先輩の刑務官が慌てて受刑者を取り押さえてくれて、命拾いしました。

　彼らは納得のいかない対応を受けたときに、手段を選ばないということがあるのだなということを、そのとき思いましたね。扉を開ける前には、必ず観察窓から中にいる受刑者の様子を見て安全を確認してから扉を開けるのですが、まさか、刑務官を襲うために箸を隠し持っているとは思いませんし、刑務官が複数人で関わる中で襲撃されるとは思ってもいませんでした。想定外のことが当然起きる現場なのだなという体験でした。

木下　でも、そういう状況に対して、受刑者たちの健康面を維持するためには、十分な環境ではないと加藤さんは思われていたわけですね。

加藤　組織の運営管理上、人員の配置であったり、診察のタイミングであったり、必要最低限な健康面を維持するための環境は担保されていたとは思いますが、受刑者に起きている健康問題に対して、丁寧な説明をしたり、その後の適切なケアに繋いだりするなど一人ひとりの受刑者に対応していくことについて限界を感じていました。

木下　どうして受刑者に丁寧な処遇をしないのか、もっとこうしたらいいのにということを考え出すと、刑務官の頃に感じた違和感に対処するために脱人格せざるをえず、今ある状況を疑うこともなく淡々と仕事をこなしていかざるをえなかったわけですね。

加藤　准看護師として自分の理想とする対応をしたいという気持ちと淡々と

仕事をこなしていかなければならない現実にどのように折り合いをつけていくか、その理由を見つけることも苦しかったです。そこで、私は、「受刑者は他人様に迷惑をかけた人間なんだ」「日本の法律にのっとって受刑生活を送っているわけだから合法である」と考えて折り合いをつけていました。

木下 受刑者を一人の人格を持った人として見てしまうと、自分の気持ちがついていかなくなってしまうということですね。脱人格化的な思考によって、自分自身の気持ちと現実に折り合いをつけるという対応は他の刑務官もされていたのでしょうか。

加藤 日本の刑務所は、海外と違って、銃などの武器を持って受刑者を監視・管理するわけではありません。たとえば、2〜3名の刑務官で、40〜50人の受刑者を監視・監理するのですけど、その際に警備担当として警棒を持つことはありますが、基本的には何も武器を持たない丸腰の状況です。大勢の受刑者を見るためには上下の関係性を作らないと管理統制ができないわけです。受刑者との情緒的な交流はないと言いつつも、ベテランの刑務官は状況に合わせた受刑者の接し方をしていたのだろうとは思います。

出所後の社会での適応能力は身につくのか？

木下 なるほど、日本の刑務所では武器を持たずに受刑者を監視・管理しているのですね。しかし、そんな状況で刑務官がどのようにして受刑者との関係を築いているのか、とても興味深いです。受刑者との関係性を築くためには、やはりコミュニケーションが重要なのでしょうか。

加藤 最低限の雑談のようなことをすることで、信頼のおける受刑者モデルを他の受刑者にも見せ、刑務所という社会の中で受刑者の適応性を高めていくという関わりを先輩方は培ってきたと思います。

ただ、1年目、2年目の新任の刑務官にとって、すぐにそれができるかというと無理です。すると、理想とする自分の気持ちと自分の理想が通用しな

い現実との間で折り合いをつけて、自分を納得させなければなりません。若手の刑務官は、職務上の自分と、本来のありたい自分の姿との間のギャップで苦しんでしまいます。

木下 若手の刑務官が理想と現実のギャップに苦しむというのは、非常に深刻な問題ですね。彼らがそのギャップをどのように克服し、職務に適応していくのか、具体的な例や方法があれば教えていただけますか。

加藤 今、新しい刑事施設を開所するにあたって、職員研修から始めましたが、研修を受講している職員から、そういった苦しみを直接聞くこともあります。たとえば、先輩の職員から、何かを聞かれたり、問い正されたりした際に、すぐに言葉が出てこないことがよくあります。それは完全に職員としての思考が止まっているわけです。自分の価値観や感覚で、物事を考えて自己発信するということが閉ざされてしまっている。繰り返しになりますけれども、苦しみから開放されるために脱人格化が現職の職員にも起きています。私自身も刑務官を辞めて10年の間は、何かプレッシャーがかかることがある前の晩には、必ず刑務所の頃の受刑者に追い掛けられたり、受刑者に襲われたりする夢をみます。今思えば、フラッシュバックみたいな感じになっていました。

木下 その結果として、刑務官と受刑者の間に信頼関係が築けないことがありますよね。受刑者は刑務官を単なる監視者として見てしまい、刑務官は受刑者を「罪を犯した人」という側面のみから一人ひとりを理解している。つまり「全人的」に受刑者を理解していることは少ないのではないかと思います。そのような関係性、また刑務官と受刑者の接点が必要最低限にする刑務所の慣習とが重なって、受刑者は人とのコミュニケーションが不足しがちです。このような状況では、受刑者が出所した際に、社会復帰が難しくなると考えます。さらには、刑務官自身も職務のストレスを適切に解消できないため、メンタルヘルスに問題を抱えることになりかねません。

加藤 そうなんです。そんな刑務官たちが障がい傾向のある受刑者を見ることができるのかという問題が出てくるのですね。受刑者が、どう扱われるか

という処遇の問題を考えるに際して、職員のケアを真剣に考えない限りは、いくら素晴らしい取組みや制度を考案したとしても機能不全を起こしてしまうのではないでしょうか。その取組みや制度を運営していくのは人なのです。職員も矯正職員である以前に個人として存在しています。

木下 刑務官が、自身の苦しさを抱えないために脱人格化をし、決まった方法で機械的に受刑者に接することで、どういった影響が起こってくるのでしょうか。

加藤 すべての受刑者は、その刑務所の中で、人生を終えるわけではありません。無期懲役であったとしても、いずれは出所し社会に帰っていきます。

刑務官が苦しみから開放されるために脱人格化をして職務にあたっていると、地域で生活をしている市民に対する接し方とは違って、刑務所の中での適応能力を高めるための接し方をすることになります。すると、受刑者は人との関わり方や適切な支援を受けることの必要性などの、今後社会の中で市民として生きていくためのプランニングに関して、何も手当てを受けることができません。職員と関わっていく中で、社会適応をしていくための人格形成が、はたしてどこまでなされるのかという点に非常に疑問が残るところがあります。

木下 刑務所の中での適応能力が高まれば高まるほど、反比例して地域社会で生きていくスキルが低くなっていくわけですね。

加藤 人がどう考えるかということを考える体験が必要とされているものの、矯正施設、特に成人の矯正施設における現状の運営では再犯防止の観点から、限界があると思います。

新しい刑務所運営と社会復帰支援の取組み

木下 そういった経験を踏まえたうえで、外部の専門アドバイザーとして、一専門家として新しい刑務所づくりという取組みに関わっていらっしゃるわ

けですね。刑務所の中でも社会での生活力がついて、それによって結果的に受刑者が再犯から遠ざかっていくというお考えが、新しい刑務所の運営に反映されているのでしょうか。

加藤　私は、今、国の行政機関で、障がい者の地域生活や社会参加、就労支援に関する支援に携わっていますが、その延長上に位置づく形で、生活支援も含めた障がい傾向のある受刑者に対する処遇について、新しい刑事施設のプロジェクトに、アドバイザー的に関わっています。私の経験を活かしたお手伝いをしている形です。

木下　プログラムを作るお手伝いを実際にするなかで、どういうところに、ポイントを置いていらっしゃるのでしょうか。

加藤　一般市民は犯罪行為の現場に遭遇したり、自分が被害者になったりするという経験は、あまりありません。なので、地域の専門職や支援者も含めて一般市民の感覚としては、触法者に対して、どうしてもテレビのニュースで見るような非日常的な出来事に関わった人物というイメージで見てしまいがちです。しかし、犯罪が起きる原因は日常生活の中に潜んでいます。そして、日常生活には地域の市民の方々ももちろん登場してきます。犯罪に遭遇していないだけなのです。他人事ではなく、日常生活と犯罪は地続きであるということを、まず知っていただく必要があります。そういった意味では、犯罪行為に至る原因を、まずは地域の方に知っていただくということが大事ではないでしょうか。犯罪に至るプロセスを知らずして触法者に関わる支援を地域でするということは、過去の犯罪のネガティブなイメージからリスクが先行することとなり、求められる対人関係が築けず必要な支援に結びつきにくくなってしまいます。

木下　たしかに、地域の方々や支援者にとって、触法者や受刑者の実態を理解することは非常に重要ですね。しかし、そのためには具体的な取組みや教育が必要だと思います。具体的にはどのような方法で地域の理解を深めているのでしょうか。

加藤　障がい傾向のある受刑者の社会復帰にとって、医療機関や福祉、行政

の相談支援窓口を含めてキーパーソンとなる支援者を増やすためには、まずは彼らの行為のプロセスを知ってもらう。そして、障がいは反社会的行動を起こす背景として、どのような形で影響を及ぼしているのか、それに対する理解も深めてもらう必要があります。障がいとその環境が犯罪を生起しているわけですから。

木下 そのとおりですね。触法者の行為の背景やプロセスを理解することは、支援者が適切な対応をするために不可欠です。具体的にはどのような事例があり、どのように支援者が対応すべきなのか、具体的な例を教えていただけますか。

加藤 たとえば、お金がなくて食べるものがない、だから、お金を貸してほしいと相談したけれど相手に断られ、より困っていることを熱心に伝えようとしたなかで、暴力、暴言に至ってしまったという出来事があったとします。そこには、相談相手側の事情もあって悩んでいる表情が、自分のことを嫌っていると受け取り一方的な解釈になってしまい、認知の問題について障がいの特性が影響しているかもしれません。逆恨みをしてしまうといったような犯罪行為が起きる前にまず障がい傾向のある受刑者の中で自身の持っている課題が、解決できていない可能性があります。彼らの中で起きていることをどうやって拾い上げることができるのかが重要です。しかしながら、支援者は、障がい傾向のある受刑者や障がい傾向のない触法者の実際をまだまだ知らないわけです。なので、相談が来たとしても対応ができないし、固定化したネガティブなイメージが先行してどうしても及び腰になってしまい、必要な支援を提案しにくいというのが現状です。必要な支援を提供できなくなると、本人も支援を求めて別の場所へ点々と移ってしまい、行方がわからなくなってしまうこともあります。結果、彼らが再び反社会的行為を行う可能性が高まるわけです。これはある種の彼らなりの合理的な対処行動だと思います。

木下 つまり、支援者が触法者の背景や行動のプロセスを理解することが不可欠であり、その上で適切な支援を提供できるような体制が求められるとい

うことですね。具体的に、どのような体制が効果的だとお考えですか。

加藤 そうですね、私が考える効果的な体制は、支援者に犯罪が起こるプロセスを理解してもらうということ、あとは支援者も個人で抱えるのではなくて、チームで組織的に関わっていくことのできる体制構築が必要だと思います。

木下 とにもかくにも理解者を増やしていくという啓発活動を、社会の中で行っていくということが、必要になってきますね。具体的に、どういった取組みをされていますか。

加藤 過去にも、触法と就労支援という切り口で取り組んでいる自治体がありました。今まさに動いているのは、障がい傾向と触法というテーマで支援者向けの公開講座を開催しています。たとえば、障がい者の生活支援をしている行政の窓口の方、地域にある基幹相談の支援担当者の方、保健所、障がい者の福祉サービスを受けるときの受給者証の発行や認定をする行政職員、生活支援にかかる生活支援課の方、障害福祉課の方といった、触法とまではいかなくても、不適切な行為を繰り返すことで対応困難なケースを扱っている支援者や、非行行為の対応に携わっている方々にご参加いただいています。

木下 そのような公開講座を開催することで、支援者の理解が深まり、実際にどのような変化や反応が見られましたか。参加者からのフィードバックも含めてお聞かせください。

加藤 アンケート結果を見ると、講座の中身自体の満足度は、非常に高いものでした。私もいろいろな属性の方に向けて、さまざまなテーマのお話をする機会が多いのですが、これだけ関心が高くて、参加者の方々の満足度の高い結果は、私は見たことがありませんでした。

木下 それは素晴らしい結果ですね。参加者が特に関心を持っていた理由について、何か具体的な見解がありますか。

加藤 なぜ彼らが迷惑行為をするのか、どうして支援に乗らないのかという理由を、皆さんは知りたかったのだと思います。ただ、やはり分野を超え

て、職種を超えて、皆さん共通の課題を持っているのだなということが見えてきました。なので、これからも活動の輪を広げていかなければならないと思っていますし、また支援の現場も、それを求めているということがわかりました。そして、研修を受けた方々が、研修で得た知見をそれぞれ持ち帰って関係者に伝えていただければ、「また話を聞きたい」「相談に乗ってほしい」という要望がどんどん上がってくると思いますので、より精緻な体制構築が可能になるのではないでしょうか。

個別対応と教育支援による刑務所改革

木下 新しいプロジェクトの刑務所は、旧態依然とした刑務所とは大きく異なるものになってくると思います。今までとどういう部分が違ってくるのでしょうか。

加藤 まず、2025年から、懲役刑・禁錮刑が、**拘禁刑**に変わります。それは、受刑者を一律に扱うのではなく、個人の特性に応じて必要な指導ができることになり、受刑者に対して教育的に関わることできるようになります。

　少年院でやってきたノウハウを刑務所に転用していくことになると思いますので、刑務官にとっては、従来の刑務官としての役割と少年院に携わっている法務教官の役割の意味を理解したうえで処遇に関わるという取組みになると思います。

拘禁刑　2022年の刑法改正により、2025年から日本で導入される新たな自由刑である。この制度は、受刑者を一定期間拘禁し、その期間中に改善更生を図るための作業や指導を通じて更生を促すことを目的としている。従来の懲役刑や禁錮刑に代わるものであり、受刑者の再犯防止と社会復帰を重視したプログラムが併設されている。受刑者には、出所後に社会で自立できるよう、専門的な教育プログラムや職業スキルの習得の機会が提供される。これにより、刑罰

の実効性と更生効果の向上が期待されている。しかし、課題も存在する。まず、受刑者に適切な教育と職業訓練を提供するためには、専門的なスタッフと十分な資源が必要である。また、拘禁刑の実施には、受刑者を主体とした個別のニーズに対応できる柔軟なプログラムの設計と運営が求められる。さらに、社会復帰を支援するためには、出所後の受け入れ体制や支援ネットワークの強化も重要である。これらの課題を克服することで、拘禁刑はより効果的な刑罰制度となることが期待されている

木下 すると、加藤さんが刑務官をされていたときに覚えた違和感、あえて人を人として見ないという対応ではなく、受刑者ごとに個別に対応していくことが可能になりますね。

加藤 受刑者をどう呼ぶかということに関しては、まだはっきりはわかりません。ただ、番号で呼ぶということはやめていくことになると思います。あとは、単純な管理監視の下で処遇するということではなくなりますので、対応の仕方も大きく変わっていくことになるでしょう。今携わっているプロジェクトで検討されている施設は、教育や福祉、就労に関する支援に携わる職員が、全体の3分の1を占めてくることになります。常勤・非常勤の違いはありますが、医療福祉の専門職も携わる新しいスタイルの矯正施設になるのではないでしょうか。

木下 社会に復帰したときに必要となる生活スキルの獲得や、コミュニケーションスキルの向上に重点が置かれるわけですね。

加藤 自分の犯した罪を反省するにしても、障がいの特性から反省をする意味や反省の仕方がわからないこともあるため、自分の行動をどのように変容させたらよいのかというところにまで至らない可能性もあります。従来の成人の矯正施設で行われていた教育・処遇は、犯した罪の種類・態様という結果だけに焦点をあてたものでした。あとは、就労するために必要な資格を取らせて、就職口を繋ぐという就労自立だけに頼った再犯防止の対策でした。また、職員の受刑者に対する一律的な接し方や社会との疎通性のない閉鎖的

環境で処遇を完結させてきた側面もあると思います。社会との接点を持たないまま出所していってしまうのでは、社会生活を営むために何も準備ができていないことと変わりません。彼らがどういった取組みをして、どういった成果が上げられたのかというモニタリングもできずに出所してしまうことに、本当の意味での再犯防止として実効性があるのか疑問が残ります。

木下 つまり、現在の矯正施設の運営方法には多くの改善点があるということですね。具体的にどのような変革が求められているのでしょうか。

加藤 受刑者が、自分の置かれている状況を丁寧に見返して、自分の性格や特徴、傾向を知り、それに対してどういった対処行動が取れるかを考えるうえで、身近にいる矯正職員である刑務官が彼らのモデルになっていかなければならないと思います。そのために、モデルとなれる職員をどのように養成していくか、そして、矯正職員と受刑者との関わりの中で、社会適応をするために相手の立場に立って考えるという情緒的交流を通して人間関係構築の体験ができるようになればと願っています。非常にハードルは高いのですが、それをしないと一般市民と対人関係を作る練習はできません。矯正施設という制限された環境の中で、刑務官が市民の代わりとしての立ち位置も担わなければならないというところもありますよね。ただ、そのためにはルールが必要です。

木下 そのためのルール整備が欠かせないということですね。具体的にはどのようなルールや体制が必要とされていますか。

加藤 これまでは個人情報の観点から受刑中の様子は、地域の支援者に伝わっていませんでした。そこで、彼らがどういった取組みをして、どういった成果を上げたか、どういった体験をしてきたかという、地域の支援関係者に必要な情報を共有できるような仕組みと、出所前に地域の支援関係者と刑務所の関係者と本人についての協議をする支援担当者会議のような機会が設けられていくはずです。綿密に準備を進めて受刑者を地域定着に繋げる。あとは、必要があれば出所前に障害者手帳を取得するための出張判定ができるように自治体に協力要請をする必要もあるでしょう。何の情報もなく、ポン

とまた社会に戻るということはないようにしていかなければなりません。

木下 犯罪による被害者をこれ以上増やさないということも、目指しているという理解でよいですかね。

加藤 日本の現在の刑法で言えば、死刑にならない限り、触法者は必ず地域に戻ってきます。地域に戻ってきた触法者は、みずから受刑者だったとは名乗りません。もしかしたら過去に受刑者だった方が、隣に座っているかもしれません。犯罪は社会・地域で起きていますし、原因も日常生活のささいな出来事が引き金になっているということがほとんどです。触法者は、被害者を含めて地域で生活をしている市民の方々と同じ社会でまた暮らしていくわけです。この現実にどう向き合うかということなんですね。

木下 たしかに、触法者が地域社会に戻ってくる現実に対して、どのように対応するかは重要な課題です。その際に、具体的にどのような支援が必要なのでしょうか。

加藤 従来の矯正の進め方では、犯罪は防げませんし、新たな犯罪が生まれて、新たな被害者が生まれてしまう可能性があります。やはりこれは、どこかでストップをかけなければなりません。

そして、支援者が触法者の更生の一部分を担うだけではなくて、触法者が社会で生活するに際して地域の支援者を増やすことで、真の意味での犯罪者を生まない街づくりを進めていくということを一般の生活者の皆さんにも考えていただかなくてはなりません。それを考えるにあたっては、触法者個人の置かれている環境や持っている障がい特性を含めた傾向、さまざまな要因が織り重なって、結果として触法行為に至っているということを理解することが必要です。まずは、いろいろな背景を抱えた人たちが、一緒に手を携えて生活ができる社会を作るために、寛容な市民の視点は持っていただきたいと思います。そのためには、ニュースで見ていることがいつ自分に降りかかるかわからない、他人事にはせず自分のこととして捉えてもらうために、いろいろな情報を正しく知り、感情とは分けて考えていただければと思います。

　いつ発表されたニュースなのかうろ覚えで申し訳ないが、たしか2017年頃の年末に衝撃的なニュースを目にした。なんと日本の「懲役刑」と「禁錮刑」が廃止され自由刑が単一化されるという。その時はまだ「拘禁刑」という名称は正式に採用されると決まっていなかったが、国際的に使用されている自由刑である「拘禁刑」となっていくという内容のものだった。筆者にとって何が衝撃的だったのかというと、115年ぶりに懲役刑と禁錮刑がなくなるということではなく、世界中で使われている「拘禁刑」に一本化するのかと期待してしまったからだった。実は、労務としての刑務作業が義務とされている日本の懲役刑は国際的には一般的ではない。むしろ、自由が制限されることそのものが自由刑なのであって、その先に労働をするのか、何かしらのプログラムを受けるのか、学位を取るために勉強をするのかは被収容者が自分で決める選択的なものが通例だ。国際的にはそういった自由刑を「拘禁刑」と呼ぶことが多い。冒頭の話に戻ると、むしろ刑務作業だけでなく改善指導も義務化しようとする監獄法改正の流れにあって、今から拘禁刑に一本化するのかという期待をしてしまった。蓋を開けてみれば、結局は懲役刑への一本化であったのだ。

　いずれにしても2025年6月から言い渡される自由刑は「懲役刑」でも「禁錮刑」でもなく「拘禁刑」となる。さらに複雑なのは、2025年5月末日までは懲役刑か禁錮刑が言い渡され、その後も刑事施設でその刑罰のまま処遇を受けるということだ。現在の無期懲役の被収容者の方で60年を超える刑期の方もいらっしゃるので、この先60年から70年は懲役刑受刑者も拘

禁刑受刑者も同時並行しながら施設に収容されているという状態になる。では、刑罰内容は変わるのか、それとも同じことが行われるのか、それはこれから法務省や各施設での実際の取り組みにもかかっている。ぜひ注目していただきたい。

（丸山泰弘）

6 章

「薬物政策」×「ダイバーシティ」＝その人らしく生きるということ

薬物犯罪を専門とする丸山泰弘さんは、大麻をはじめとする薬物使用の厳罰化に反対する研究者である。違法な薬物を使用する人を罰するのではなく、治療が強制されることにも疑問を呈する。薬物を使用する人の抱える問題に目を向け、問題使用を続ける人については、その生きづらさに光をあてて、その状態の緩和や解決を目指すハームリダクションの必要性を提唱している。現在、違法とされている大麻所持をなぜ非犯罪化・非刑罰化しようとしているのか。また、なぜそういった捉え方や支援が必要であると考えるのかについて知見を共有していただく。これらのやり取りから日本が抱える「罪」と「罰」のあり方についても話題が広がっていく。

丸山泰弘
まるやま・やすひろ

立正大学法学部教授。博士（法学）。専門は刑事政策・犯罪学。日本犯罪社会学会理事、日本司法福祉学会理事。2017年にロンドン大学バーベック校客員研究員、2018年から2020年にカリフォルニア大学バークレー校客員研究員。テレビやネットニュースでは触れられない問題とこれまでにない角度から「犯罪」を考える市民が増えることを目指したPodcastトーク番組「丸ちゃん教授のツミナハナシ」のメインMC。拙著『刑事司法における薬物依存治療プログラムの意義―「回復」をめぐる権利と義務』（日本評論社、2015年）で守屋研究奨励賞（2016年）。その他の業績としてタモリ倶楽部の空耳アワーのTシャツ獲得がある。

その人と一緒に闘う

木下 いかになくすか、いかに罰するか、支援とか治療といったように薬物依存に関する問題には**いろいろな捉え方**があると思いますが、丸山さんはどういったきっかけで薬物依存について関心を持つようになったのでしょうか。

いろいろな捉え方 薬物依存者に対する捉え方は多様であり、主に、「医学モデル」「犯罪モデル」「社会モデル」「ハームリダクションモデル」「人権モデル」の5つに分類することができる。

医療モデルとは、薬物依存を病気や精神疾患として捉えるモデルである。主なアプローチとしては、医療機関での治療やカウンセリング、薬物療法、精神療法があげられる。このモデルの利点は、科学的根拠に基づいた治療が受けられることやスティグマの軽減が挙げられるが、病気としてのラベリングにより本人の主体性が軽視される可能性がある。

犯罪モデルとは、薬物使用を法律違反と捉え、厳罰化する。対応は、逮捕・刑務所への収監といった法的制裁があげられる。このモデルの利点としてあげられていることは、社会全体への抑止力が期待される点である。しかし、再犯率が高くなる可能性があり、抑止力について疑問視されるようにもなってきている。また個人の更生よりも罰則が重視される傾向がある。

社会モデルとは、薬物依存を社会的な問題と捉え、生活環境や社会的支援の不足を原因とする。主なアプローチは、社会的支援（住居支援、職業支援）や社会福祉サービスの充実が含まれる。このモデルの利点は、根本的な問題解決を目指し、再犯率の低減が期待される点であるが、社会資源の充実が必要であり、実現には時間と費用がかかる。

ハームリダクションモデルとは、薬物使用を完全に止めることは困難とし、使用による害を最小限に抑えることを重視する。主なアプローチとしては、清

丸山 最初に薬物依存症を研究テーマにしたときも、困っている人の支援をしようという立ち位置でしたが、今はまったくそういった支援者と支援される人を分けるという気持ちはなくて、その人がその人らしく生きていくことについて、その人から求められたら一緒に闘うという考え方です。

木下 どういうきっかけで薬物依存症者が困っている人だと考えるようになったのでしょうか。

丸山 薬物依存の人のイメージは、たとえば、ドラマや映画の影響もあって、暴れている人、意識が朦朧としている人を想像しますよね。実際に薬物を使っている人にたくさん会えば、そんな人は、ほぼいないことがわかります。普通の人なんです。当初は犯罪をやっていた人は怖い人だと思われて、社会的に追いやられて差別を受けていて困っているだろうと思って、何とか助けになりたい、と考えるようになりました。実際に、彼らが回復を目指すために自助グループ [→058頁] を作ろうとすると住民に反対されることがありました。たとえば、自助グループでイベントをするので、チラシを街に配りに精神保健センターに行くために場所を尋ねたら、「あんな所はキチガイが行く所だ」と言われました。「偏見がすごいな」と思って、そんな偏見に追いやられて困っているのだろうな、といわば奉仕の気持ちが最初はありました。困っている人だから、何とか助けたいという関わりをしていました。

木下 「一緒に闘う」仲間として考えるようになったきっかけは何でしょうか。

丸山 指導教員のゼミの先生に、活動を報告したら、「彼らは君に施しを受けないといけないような人なのですか？」と尋ねられました。当時は、褒められこそすれ、そんなことを言われるとは思ってもいませんでした。私は、ただ困っている人の手助けをしているつもりだったのですが、自分のやっていることをじっくり考える機会になりました。仲良くしている自助グループ

の人との関わりを思い返してみると、自分（丸山）が困っていると言ったら彼らはすぐ助けてくれたし、彼らが困っているということで私が行ったわけなのだから、関係としては本当に対等な存在なんですよ。当時は、助けてあげる人、助けてもらう人という関係を自分の中で作ろうとしていたのではないか、と思っています。そして、あなたが困っていれば助けるし、私が困っているときは助けてね、という気持ちになってからは、自身は当事者であって主体であると考えるようになりました。

木下 その経験を通して、施しという一方的な関係ではなく、相互に支え合う関係こそが本質だということに気づかれたのですね。それが、丸山さんのその後の考え方や行動に大きな影響を与えたのではないでしょうか。

丸山 刑事政策というと、国がやる政策などと教科書には書いてありますが、私が唱えている刑事政策のあり方は、誰かに管理されるという生き方ではなくて、当事者主体だから、人がその人らしく生きるのを一緒に闘うイメージです。

刑事政策 一般的に「刑事政策」は犯罪を行った人に対して、適切な刑事制裁などを科すことなどによって、犯罪の鎮圧や予防を行うとともに、犯罪を行なった人の社会復帰のための処遇や被害者の救済などに向けられる国家や地方公共団体の活動を意味すると教科書には説明されている。

刑事政策と向き合う

木下 なるほど、当事者主体の刑事政策とは、単に法律や規則で縛るのではなく、人としての尊厳を保ちながらともに歩んでいく姿勢が求められるということですね。

丸山 私は、大学の頃、刑事政策のゼミに所属したのですが、その刑事政策

の先生は、「殺人罪があるからといって、この世の中から殺人はなくなりましたか？」「窃盗罪があるからといって、この世の中から窃盗はなくなりましたか？」「なくなっていませんよね」「なんでだと思いますか？」と問われました。そして、「『人』だからです」とおっしゃるわけです。

　人は、やるなと言われたことをやるし、そもそもルールを作っているのも人だし、それを守るか守らないかを判断するのも人。守らない理由があるし、守らなかった人にどうするかを考えるのも人。罰則も、その後の生活も、その中でやることも全部「人」がやることだから、結局、人のことを考えないといけないと言われて、これは刑事政策を学ばなければわからないとなったわけです。

木下　ルールを作るのも人だし、守るか守らないか判断するのも人。じゃあ、なんで守らない人がいるのだろう、という疑問に結びつくわけですね。

丸山　人が犯罪をするのに、いろいろ理由があるわけです。**犯罪学の理論**は基本的には、犯罪と刑罰の関係はマジョリティーが作ったルールに依拠すると考えるのですよね。マジョリティーの求める行動パターンに合わない行動を犯罪と定義づけるわけですよ。そして、それに合わないマイノリティーに対して、マジョリティーの求める行動に変えることを刑罰と呼んでいるわけです。とすると、マイノリティーの生き方を否定するために使われている最たるものがドラッグなわけです。

犯罪学の理論　さまざまな犯罪学の理論が存在するが、ここで例として出したのは、ラディカル・クリミノロジーの考え方に近い。「ラディカル・クリミノロジーの考え方の根底には刑事司法制度を支配階級の利益に奉仕するような組織された国家による社会統制の道具と措定し、犯罪者を生産手段の分配から生じる政治的権力関係の被害者として観念した」（赤池一将「ラディカル・クリミノロジーの再検討」高岡法学1巻1号〔1990年〕）としたように、マジョリティのツールとして使われやすいことを指摘していた。

木下 マイノリティーがマジョリティーに合わせさせられているという考え方は市民にとって馴染みのないものですよね。どちらかというと、どうやって懲らしめて、どうやって二度とさせないようにするかと考える人が多い気がします。

丸山 私の母親は20年くらい民生委員をやっていました。自分の住んでいた街は、シングルマザーや高齢者が住みやすい環境だったこともあって、そういった方が多くいらっしゃいました。母親は、すべては話してはくれませんが守秘義務に違反しない範囲で「こういう事案があるから対応しないといけない」「こういうことで困っている人がいる」といった話をしてくれました。母の話を聞くにつれ、「このルールを守ってもらうということではない」というような気がしてきたわけです。たとえば、人の物を盗ってはいけないということは当たり前ですけど、お金がなくて3日間何も食べていなかったら食べる物を盗みますよね。また、賽銭箱に手を突っ込んだ高齢者の手が抜けなくなったということを、「罰が当たった」と笑い話にして報道することがありました。なぜ、高齢者が賽銭箱に手を突っ込まなければならなかったのか。生活保護や年金をもらっている人が賽銭泥棒をした場合、認知症の疑いもあるわけです。何か食べたいなと思ったときにお金がないから賽銭を盗ろうとした背景、人が行動する理由があるはずです。背景や理由を無視して犯罪をした人を叩くことは、みんな気持ちいいんですよ。

ドラッグコートとの出会い

木下 たしかに、みんなは一定程度ルールを守りながら生きていますが、そもそもルールを守るための下地が整っていないとルールは守れませんよね。社会の傾向として、罪を犯した人が犯罪に至ることに関して、同じ状況に置かれたとしても犯罪する人としない人がいると、彼らを自己責任論に押し込めているわけですよね。結局そういうのって、社会構造とか社会システムの

不備から出てきているわけですよね。研究テーマが薬物依存症に集約されていった理由はありますか。

丸山　大学生の頃に他大学の合同ゼミに参加したのですが、その時に日本語で書かれたドラッグコート（薬物犯罪専門裁判所）に関する論文を1つか2つだけ目にしました。そのとき初めて、アメリカにはドラッグコートという通常の裁判とは別に裁判の中で薬物依存の回復に向けて取り組む薬物専門の裁判所の存在を知りました。そして、たまたまなのですけど、ゼミに自助グループの研究団体の著名な方がゲストとして来ていました。私がその論文を報告したときに、「よく見つけてきたね」と褒められると思っていたのですが、「たった1本か2本の論文を読んで、アメリカの状況を語れるのか」と言われました。それで、「実際に見に行けば問題ないのですね」「じゃあ行ってきます」とスイッチが入って、大阪の自助グループを支援する人たちがアメリカのドラッグコートの裁判官に会いに行くという活動に便乗しました。そして、ドラッグコートを実際に見て衝撃を受けたわけです。

木下　どういう衝撃だったのですか。

丸山　私たちが知っている裁判は**当事者主義**といって検察官と弁護人が対峙する構造で事実があったか否かについて争うのですが、ドラッグコートでは基本的には事実を争うことはあまりありません。被告人は、違法薬物を持っていることをすでに認めてドラッグコートにみずから参加しているので、基本的には情状弁護をする裁判です。裁判官も検察官も弁護人も全員が、ドラッグコートではクライアントと呼ばれる被告人が薬物を使用しないで生きていける人生を手に入れることをサポートするわけです。検察官と弁護人も対立構造をとらず、横並びに一緒に座ります。クライアントが「○週間クリーンでいられました」と言ったら、みんなで「イエーイ」とか「フー」とか言って喜んでいますし、他方で、「何回も陽性反応が出ているよ」と言ったら、どのように対処するか検察官と弁護人が相談し合うわけです。法曹三者の新たな役割の重要さを目の当たりにしましたが、もっとすごかったのは、法廷の内外で活躍するソーシャルワーカー [→027頁] でした。

木下　ソーシャルワーカーのどういったところがすごかったのでしょうか。

丸山　陽性反応が出ているにもかかわらず「違法薬物を使っていない」とクライアントが嘘をついた場合、裁判官は怒ります。「そんなに嘘ばかりつくのだったら、通常の裁判に戻して刑務所に行くか」と裁判官が怒っている場面を実際に見ました。クライアントも、「もう面倒くさいから通常の裁判にしてくれ」「俺はもう刑務所行く」と売り言葉に買い言葉みたいな感じになって喧嘩に発展するわけですよ。すると、ソーシャルワーカーが、「あなたたち（法曹三者とクライアント）も怒らないで！」「今、何が不満なの？」と言い合いに割って入って仲裁するわけです。ソーシャルワーカーがドラッグコートの現場をまわしていて、重要な役割を担っていました。

木下　そのような状況では、裁判官もクライアントも感情的になりやすく、対立が深まるのは避けられません。クライアントが嘘をつく背景には、彼ら自身の不安や恐れ、あるいは社会からのプレッシャーがある場合が多く、単に嘘をついたということだけで判断するのは危険です。しかし、裁判官の立場からすれば、法律を守り、正義を実行することが求められているため、感情的になってしまうことも理解できます。そんな中で、ソーシャルワーカーが冷静に介入し、両者の対立を緩和しようとするのは極めて重要ですね。ソーシャルワーカーが介入することで、クライアントが抱える本当の問題、たとえば依存症の深刻さやそれに伴う精神的な苦痛を理解しやすくなるのです。そして、対話の場を整えることで、裁判官もクライアントの状況をより理解しやすくなり、ただ罰を与えるだけではなく、再犯を防ぐための適切な支援を提供する方向に向かうことができるのです。これが、ドラッグコートの現場でソーシャルワーカーが果たすべき、きわめて重要な役割であり、

彼・彼女らなしでは、このような柔軟な対応は難しいでしょう。

丸山 1989年にフロリダのマイアミ市で裁判官スタンレー・ゴールドスタイン (Stanley Goldstein) がみずからの権限で始めたのが最初です。逮捕、裁判、刑務所、出所、また逮捕、そしてまた裁判とどこの裁判所でもまったく同じドラマが繰り広げられる。彼は薬物事犯の裁判のあり方に対して、無力感を持っていたそうです。やめたいのにやめられない、という依存症があるのに、刑罰を科しても意味がないというのがドラッグコートの考え方です。依存症に至る原因を解消し行動を変えていくため、**認知行動療法**を使って、トライとエラーを繰り返して生活パターンを変えていく介入と薬物を使う人が根本的に抱えている生きづらさの解決を目指しています。

認知行動療法 (Cognitive Behavioral Therapy: CBT) 心理療法の１つであり、個人の思考 (認知) と行動に焦点をあてたアプローチである。個人が抱える問題は、思考の歪みや非現実的な認識によって生じることが多く、CBT ではこれらの思考パターンを見直し、現実に即した健全な認識へと修正することを目的とする。

たとえば、失敗に対する過度な不安や否定的な予測を持つ場合、その思考を現実的に再評価し、建設的な方向へ導くことが行われる。CBT は、うつ病や不安障害など多くの心理的問題に対して効果があるとされており、科学的根拠に基づく治療法である。実際、数多くの臨床研究においてその有効性が確認されており、現代の心理療法の中でも広く活用されている。

木下 それは、1989年のフロリダから、そういった薬物事犯に対する考え方が、処遇とかっていうのが出てきた感じですか。

丸山 1960年代のアメリカでは、**メディカルモデル**と**社会復帰思想**があるのですが、同時に批判を受けます。ロバート・マーティンソン (Robert

Martinson)の"What works?"という論文が発表されます[1]。この論文は、アメリカの再犯防止に使われていたプログラム231件を調べた結果、再犯防止に役立つものは何もない、"Nothing works"という内容なのですが、これが衝撃を与えるわけです。アメリカの保守層は、そもそも犯罪者に対してお金をかけて人道的に丁寧に取り扱うこと自体に反対していました。犯罪者は厳罰に処すればいいと思っていたけど、人道的で丁寧な取扱いに効果があると思って黙っていたところに、この論文が発表されたことで厳罰化に向けて勢いづいたわけです。

メディカルモデル メディカル・モデルによって、それまでの劣悪な環境で問題を起こしていた刑務所などで行われる刑罰に対し、人道的な観点や科学的な観点から見直された。重要なのは「犯罪者」は「病人」であり、「犯罪」は「病気」なのだから、治療が必要であるという考えのもとに刑罰のあり方が考えられていた。

社会復帰思想 メディカル・モデルにより処遇は更生や社会復帰を目的として治癒が終わるまで介入し続けるものと考えられたが、保守派からは厳格で正義に適う処罰が望ましいと批判され、革新派からも長期の司法による介入をもたらすことから批判された。

木下 それは非常に興味深い展開ですね。ロバート・マーティンソンの論文が、犯罪者に対する処遇やリハビリテーションの効果に対して大きな疑問を投げかけたことが、結果的にアメリカの刑事政策において厳罰化へのシフト

---

[1] Robert Martinson "What Works?: Questions and Answers about Prison Reform", The Public Interest,35, 1974, pp22-54. においてマーティンソンは社会復帰思想が支持されていた時期に行われていた社会復帰プログラムと再犯との関係を調査し、何が効果的かを検討した。その答えは「何の効果もない！（Nothing Works!）」という結論を出したことにより、それまでの社会復帰や更生のためのプログラムが見直される契機のひとつとなっている。

を促したということですか。それが保守層だけでなく、リベラル層にまで影響を与えたというのは、予想外かもしれません。メディカルモデルの批判が、自由を奪うリスクへの懸念に繋がったというのも興味深い点です。しかし、そのような流れの中で、再び社会復帰思想を強調する動きが出てきたというのは、時代の流れや状況に応じた刑事政策の変化を感じさせますね。量刑ガイドラインによって厳罰化が進んだ結果、刑務所が過剰に収容されるようになり、それに対する反動としてドラッグコートが誕生したというのは、まさにその時代のニーズに応えた新たな試みだったのではないでしょうか。

丸山 意外なことに、リベラル層の人たちも、犯罪者に対する人道的で丁寧な取扱いは賛成だけど押しつけや長期介入に反対してきました。彼らは、メディカルモデルや社会復帰思想のゴールがどこにあるのか、ということを疑問視しました。たとえば、私たちが歯医者に行ったときに、今日で終わりかな、と思ったら来週の予約を取ってくださいと言われることはよくありますよね。「治療」は歯科医師が治ったと言うまで続くわけです。それと一緒で、メディカルモデルは、犯罪者は病人で犯罪は病気だから治るまで診ましょうという介入をもたらすから、恣意的な判断で対象者の自由を奪う可能性がある、ということでリベラル層の人たちは反対しました。結果、90年代に一気に厳罰化に変わっていくわけですよ。

木下 なるほど、ロバート・マーティンソンの論文がきっかけとなって、保守層だけでなくリベラル層にまで厳罰化の流れが広がったのですね。メディカルモデルや社会復帰思想が批判され、犯罪者の人道的な取り扱いがむしろ彼らの自由を奪う可能性があるとして疑問視された結果、刑事政策が厳しい方向へとシフトしていったというのは非常に興味深いです。その流れの中で、再犯防止に対する希望が失われ、厳罰主義が台頭してきたわけですね。

丸山 その後、量刑ガイドラインが導入されます。これは、裁判官ごとに判決に差が出ないように、たとえば、「前科ありますね、武器を使いましたね、計画的な殺人ですね、あなたは15点、よって終身刑です」と要素を点数化して判決を出す制度です。この量刑ガイドラインが導入された結果、事件の背

景が無視されてとんでもない勢いで刑務所人口が増えていくことになります。

　こういった超厳罰化、刑務所過剰収容といった背景があったから、社会復帰思想が大事だと思っていた裁判官や司法関係者としては、ドラッグコートの創設が、彼らの生きる道だったのではないか、と私は考えています。

木下　裁判官が勝手に始めた制度なのに、なぜドラッグコートが広がっていくのですか。

丸山　国の予算がついたからです。予算がついたということは、ドラッグコートに効果があると国が認めたということです。アメリカや日本に限らずどこもそうなのでしょうけど、保守層にもリベラル層にも受け入れられたら、物事は進みます。リベラル層の人からは、厳罰ではなく本人の生き直しに焦点をあてるから受け入れられた。他方で、保守層の人たちは、刑務所に入れたら多くの税金が必要になるから、収容せずに犯罪者の居住区で治療しろというわけです。そして、予算がついた後、急激に全米で増えていき、現在では全米で4,000近くのドラッグコートができています。

木下　アメリカにはドラッグコートが受け入れられるベースとして、薬物は個人の興味本位ではなく、背景には個人の生きにくさがあるという理解があったわけですね。アメリカではその理解が広がったのに、どうして、日本ではいまだに違法薬物に手を出すのは自己責任であって、手を出した人が悪いと考えてしまうのでしょうか。

丸山　なぜダメなのかの理由が、違法だからと思考停止しているわけですよ。犯罪学では、**法律学と犯罪学における犯罪の定義**にはズレがあります。法律学では「構成要件に該当し違法かつ有責な行為」が「犯罪行為」ですが、犯罪学では人がダメだと思う行為が犯罪なのです。たとえば、法定速度40キロの道を43キロで走った場合は、法律学では犯罪です。他方で犯罪学では、もちろん法律は守ったほうがいいですが、法律を守らないからダメなのではなくて、我々が生活していくなかで、行為者を厳格に犯罪者とする必要があるか否かという人の認識に関心があります。すると、法定速度が40キロの道

路を43キロで走ったところで、それは多くの人にとって非難や厳罰の対象ということになりません。今すぐ警察に捕まえてもらって刑務所に入れろ、ということにはなりませんよね。法律学と犯罪学でズレが生じるわけです。犯罪学では、人が犯罪だと思うから犯罪なんですよ。3キロオーバーは処罰の対象ではないということになってくるわけです。ただ、被害者がいないにもかかわらず、市民の多くにとって法律学と犯罪学のズレが生じにくく、エビデンスは反対の結果を示しても、人の考えで犯罪だと思われる最たるものがドラッグなのです。

> **法律学における犯罪の定義**　世の中に「悪そうな行為」というのは多いが、何が犯罪で何が犯罪でないのかということをどうやって判断しているのであろうか。「可燃ゴミの日でないにもかかわらずゴミを出す行為はどうだろうか？」「友だちの財布からお金をとる行為はどうだろうか？」
>
> 　これらの一般社会にある「行為」が犯罪であるかどうかを判断するために、法学では「構成要件に該当する違法かつ有責な行為」を犯罪行為として検討している。構成要件に該当するかどうかは、刑法などに書かれている刑罰法規を規定する法律の条文に書かれた行為かどうかを判断する。次に、刑法に書かれていても、それが＝（イコール）で犯罪ではない。たとえば、相手を怪我させたとしても正当防衛であった場合は違法ではなくなるし、5歳の子どもが2歳の弟を怪我させたとしても責任が取れない存在なので有責性がないことになる。これらの3つの要件が揃った場合に「行為」は「犯罪行為」と法学的には判断される。

木下　なぜ、市民の多くはドラッグのことを叩きたがるのでしょうか。

丸山　これはいろいろな考えや意見があると思います。小さな頃から「ダメ。ゼッタイ。」の教育を受けたことで、薬物使用者に対する偏見が助長されたためだという考えの人もいますし、自分たちが苦しくても守っている法律を守れない人は叩いてもいいと考えているからだと指摘をする人もいます。自

分（丸山）の中で葛藤があるのは、ドラッグコートを完全で一方的に良い制度とはあまり思っていないということです。ドラッグは統制の道具として使われがちです。たとえば、薬物を使用する人は困っている人であって、助けてあげないといけない対象、治療してあげないといけない病人という考え方になりがちです。

　日本では現在薬物使用する人に偏見があり厳罰で対応する傾向にありますが、ただキャンペーンを打てばすぐに風向きが変わると思います。たとえば、オウム真理教事件、神戸連続児童殺傷事件、附属池田小事件があった。世間を騒がして厳罰化と被害者運動の中で、加害者を支援しようという議論が一切なかった1990年代後半の厳罰化の時代に、山本譲司さんの『獄窓記』（ポプラ社、2003年）[→018頁]が出版されたことで、知的障がい者や高齢者の人たちを、刑務所に入れていても意味がない、困っている人だから助けようというムーブメントが出たわけですよ。

> **「ダメ。ゼッタイ。」**　1987年から使われている薬物の乱用防止のためのキャンペーンと啓発運動の標語である。初期使用を防止するために健康問題への悪影響と社会的に制裁を受けることを中心として、主に若い世代に薬物教育などを行うことが多いが、一方で薬物を使用している人への偏見を助長するというデメリットも存在することが指摘されている。

木下　福祉に繋がることができず、やむにやまれず食品を万引きしたといったように、支援対象のイメージがはっきりしていますよね。

丸山　凄惨な虐待を受けて育ってきたため薬物で意識を飛ばさないと生きていけない、家でも学校でも職場でもいじめられてきたため生きづらさで仕方がない、という人が使っているという事情が伝わってくると、ケアが必要な人だというムーブメントは、起こそうと思えばおそらく起こせます。しかし、私の場合は、先述した葛藤があるのですよね。仮に可哀想な人たちだから医療で助けてあげましょうという流れが生じても、司法の支配が医療の支

配に変わっただけで、市民が生きづらさを解消して、その人らしく生きていくという私が目指しているゴールではないわけですよ。そうであるならば、私は**非犯罪化や非刑罰化**しかないと思っています。

非犯罪化や非刑罰化　非犯罪化や非刑罰化、合法化の用語は混乱して使われやすい。完全に自由にしてしまうことが合法化として捉えられているが、非犯罪化や非刑罰化は一部は形式的に違法としつつも運用で処罰を用いない方法であったり、所持量で対応を変えたりしている。それらを具体的に言語化すると、たとえば基本的には違法のままだが少量所持は警告のみで収監はされないのを非刑罰化、そもそも少量所持は刑罰の対象とならない運用を非犯罪化と呼んだりする。そして、全面的に成人に対してタバコを販売するように合法化する国もある。

刑罰に頼らない薬物政策とは

木下　今、大麻の合法化の話ですが、実際に合法化している国がありますが、日本国民の多くは、合法化をいぶかしく思っているのではないでしょうか。合法化を支えるロジックはどうなっているのでしょうか。

丸山　非犯罪化を目指す国や州は多くの理由があります。たとえば、違法を前提にするとニーズが高いものなのに手に入らなければ闇のルートで手に入れることになり、裏社会の人たちにお金が集まることになります。それを取り締まるために捜査機関にお金がかかります。あまり効果が出ていないとも言われる刑務所に人を入れておくことになります。そして、社会からの孤立が進み、また薬物を使用しないと生きていけないような孤立感が進むわけです。今の厳罰化の社会は思考が100かゼロなのですよ。薬物を使用するか否かを選択ができるようにするためには非犯罪化しかありません。たとえば、がんの治療やダイエットに置き換えて考えたらわかりやすいと思います。そ

の人に合った痩せ方や、その人に合った治し方がありますよね。がんの治療も、体力があるうちに外科手術で切って治すという方法のほかに、抗がん剤治療で時間をかけて治すという方法もある。さらには死が近づいていることを理解したうえで、身体的・精神的苦痛を和らげてそのまま死を迎えるという終末期医療もあるわけです。ダイエットも、自分の体験や性格に合わせて、この1カ月に20キロ落としたいという人もいれば、1カ月に1キロずつ20カ月かけて落としたいという人もいます。これらは、本人が何を選択するか決めるわけですよね。つまり、問題解釈の方法は、その人に合った方法があるわけです。

木下 だけど、たとえば、大麻を吸って幻覚状態に陥って人を殴ったり、覚醒剤を使って暴れたりするのではないかという懸念を多くの方が持っていると思います。

丸山 その懸念は多くの方が持っているでしょうね。それだとアルコールと同じ扱いでいいはずです。アルコールで交通事故を起こせば罪は重くなりますけど、アルコールを飲むこと自体は別に何にも罪にはなりませんよね。

木下 アルコールと何が違うんだという感じはしますよね。

丸山 アルコールの方がリスクのランキングでは圧倒的に大麻よりも上に位置します。イギリスの薬物研究者であるデイビット・ナット（David Nutt）が、『ザ・ランセット』という医学界のトップジャーナルに2010年に発表した薬物危険度ランキング[2]があって、そこのトップがアルコールなのです。実際に統計をとってみて、人に迷惑をかけることになるのはアルコールで、自分の体を傷つけるのもアルコールです。

木下 アルコールは安全で少し酩酊状態になって嫌なことを忘れられて、次の日また元気になるというイメージだけど、大麻を吸引すると酩酊状態になって暴れてしまうというイメージが一般にはあります。規制を緩和したら

2　David Nutt, Leslie a King, Lawrence D Phillips and on behalf of the Independent Scientific Committee on Drugs, "Drug Harms in the UK: a multicriteria decision analysis" The Lancet, Vol.376, Issue 9752, 2010, pp1558-1565.

問題が起こるかもしれないという不安感からの間違ったイメージはどのようにして刷り込まれて、そのイメージを持ち続けてしまっているのでしょうか。多様性を認めると社会に何かしらの問題が発生すると考えているのでしょうか。

丸山 たとえば、不眠症で苦しんでいる人が、治りたいと本人が言うなら、不眠のケアをしたりするなどサポートをするべきですが、本人は望んでいないのにもかかわらず、治療するべきだよ、と周りが決定することは本来おかしなことです。医師が倫理に従い、命を助けるといった場面ではまた違いますが、自分に関係のないことなのに、他人のことをみずからに置き換えて、みずからの価値観を押しつけているということではないでしょうか。その押しつけの最たるものがドラッグであって、マジョリティーの価値観を押しつけているだけなのですよね。アルコールで道に寝ている他人は「迷惑だな」と考えることがあっても犯罪者として罰則をかけてやれとまでは議論が進まないです。さらに仮に大麻が合法化されたとしても、あなたに大麻を吸えと言っているわけではないのですよね。不眠症で何日も眠れないので使います、トラウマを抱えていて、大麻を使わないと生きていけないので使います、と言っている人をなぜ批判するのか。本人がその人らしく生きたいことを支援する社会がいいわけです。

木下 日本だけを見ると、エビデンスもなく、そして自分には関係がないのにもかかわらず自分の価値観を押しつけるというロジックが多い気がしますよね。

丸山 これまた犯罪が絡むと、すごく批判が出てきます。エビデンスで反対の結果でも、頭では理解できても、「でもでもだって」という人が出てきます。また、支援者が支援をしてくれたとしてもここがひとつにまとめられなければ、きついところがある。たとえば入管法だって、「何の罪もない人が、殺されるかもしれない国に帰らないといけないのか」と入管法改正に反対のデモをしている人であっても、犯罪が絡むとひとつにまとまることはむっちゃしんどいですよ。たとえば、「何の罪もない人が死ぬかもしれない国に

帰るのは可哀想」だと言っていますが、入管法で苦しんでいる人の中には日本で犯罪をした人だっています。それは日本での生活の厳しさから窃盗した子もいるわけです。この人たちは、あの議論からは外れるんですよ。犯罪が絡むと「なんの罪もない人」ではなくなってしまうからです。

さまざまな視点から薬物問題を考える

木下 ポルトガルやアメリカのいくつかの州では大麻を非刑罰化し始めています。これは、丸山さんがおっしゃっていたような考え方が広がりつつあるということでしょうか。

丸山 もちろんそれもありますし、大麻を非刑罰化または非犯罪化した方が**問題使用**が減っているというエビデンスもあります[3]。

> **問題使用（Problematical Use）** 薬物を使用することがすなわち「問題使用」なのではない。本文にもあるように、そもそも国連は違法薬物使用者のうち89％は問題なく使用していると調査結果を報告している。皆さんが頭痛薬やアルコールを少し飲んでも翌日には仕事をしているのと同じである。しかし、使用によって本人はもちろん、家族や友人などにも有害で、自分ではコントロールできない使用量や使用頻度、オーバードーズや自殺企図に使用されるような薬物の使用を指すことがある。

木下 実際に問題使用が減っているのですか。

---

3 丸山泰弘「ポルトガルの薬物政策調査報告・2014-2015」立正法学（2016年）196〜234頁を参照。また、世界的なトップジャーナルのひとつである医学雑誌 "The Lancet" では2023年11月25日に「多くの国で、犯罪化することが健康に悪影響を及ぼし、すでに確立された公衆衛生のエビデンスに反していることが分かってきているが、各国の薬物政策は依然として刑事罰に頼ろうとしている」としている。

丸山 減っていますよ。ただ、気をつけないといけないのが、薬物使用そのものが減っているのではなく「問題使用」が減っているということと、薬物政策を考える際には「問題使用が減ったか増えたか」だけに注目するのは危険で、関連する問題が多くあるということです。たとえば、カナダは大麻の合法化直後に大麻の使用者が増えましたが自殺者が減ったり、大麻の問題使用者や処方箋薬のオーバードーズで緊急搬送になる人は減ったりしています。別の問題として、大麻使用を違法にしたところで、処方箋薬依存でオーバードーズする人や亡くなる人、自殺する人が出てくるから、違法の薬物を使用する人が増えようが減ろうが、合法の薬物を使用する人が増えようが減ろうが、根本にある薬物ニーズのある人の問題は変わっていないわけです。違法・合法にかかわらず薬物を使いたいというニーズそのものは変わっていないわけですから。この薬物を違法薬物に指定しました、合法にしましたとか、やっているだけだと、根本の問題は解決していないわけです。ドラッグの問題は、それに関連する薬物関連死や自殺者数、精神病院の病床数、緊急搬送数の問題も関係します。なので、これらがどうなったかを総合的に見る必要があります。それぞれがお互いに影響しあっているわけです。薬物使用がどうなったかだけを見たら、そこは増えたり減ったりするわけですよ。

木下 大麻を非刑罰化することによって、生活に苦痛を感じる人が少なくなったというわけですね。

丸山 犯罪率の高いボルチモアでは、自己使用のために少量のドラッグを所持していたとしても逮捕しなくなったら重罪が減ったわけです[4]。逮捕に伴って生活が破綻しないから、刑事司法に巻き込まれることが減ったのではないか、と私は考えています。

4　Saba Rouhani, Catherine Tomko, Noelle P. Weicker and Susan G. Sherman, "Evaluation of Prosecutorial Policy Reforms Eliminating Criminal Penalties for Drug Possession and Sex Work in Baltimore, Maryland" 〈https://publichealth.jhu.edu/sites/default/files/2021-10/prosecutorial-policy-evaluation-report-20211019.pdf（2024 年 1 月 28 日最終閲覧）〉.

木下　刑務所に入って出てきても、生活が破綻しないように、社会との繋がりを持ち続ける必要があるという考え方が、日本の刑務所にも取り入れられていますか。

丸山　私は、むしろ逆だと思っています。生活を破綻させようとまでは思っていないとしても、2025年から始まる拘禁刑 [→140頁] は、刑務所で手厚く改善更生を図るので刑務所に入りましょう、というメッセージとして受け取られることもあるわけですよね。刑務所での改善更生のプログラムを手厚くすると、社会では手厚い指導を受けられないので、とりあえず刑務所に行きましょうよ、という位置づけになってしまうおそれがあります。改善更生を図るために良いモノを揃えたので刑務所に行きましょうというメッセージです。しかも、最初に問題意識として示したように、そこでいう「改善更生」というのはマジョリティーの価値観を押しつけることになるのではないか、ということが今ちょっと心配ですね。また、改善更生を図るための指導を誰が決めるのかということも心配ですよ。つまり、本人がこのように改善して社会で生きていきたいという希望とそれに沿った指導なのではなく、国や施設が考える改善更生が強制されることも想定としてはありうるわけです。もちろん、現場では無理やり何かをさせるということではなく、動機づけ面接をして、しっかりと向き合って取り組まれているということも知っていますが、可能性として起こりうるということです。

木下　本人が望んでいないにもかかわらず、パターナリスティックに社会に適合する理想の人物像を押しつけること自体が、問題じゃないかということですね。

丸山　改善更生を図るための主語は誰ですかとなってくると、マジョリティーな刑務所、国、その当時の社会になってしまい、その主体が改善更生だと思うことを実施することになるわけですよね。

木下　丸山さんの考え方の根底にあることは、自由であるべきだということなのでしょうか。

丸山　自由であることは重要ですが、もちろん人に迷惑を掛けるということ

もあるので、すべてが肯定される話ではありません。たとえば、薬物問題で言えば、アメリカやヨーロッパの危険な街みたいに、無宿者の方々があちこちで生活苦に悩んでおられたり、街のあちこちに使用済みの注射器が落ちていて、「そのような国のようになったらどうするんだ？」と言われることがあります。たしかに、非犯罪化をしてこれらの問題が一気に解決することはありません。厳罰化であろうと、寛容化であろうと、こういう状況が存在するのは、社会保障の手を抜いた結果です。

木下　政策の不備が原因であるという怒りですよね。私は福祉学者なので福祉の話に結びつくのですが、1898年くらいに、**チャールズ・ブース**（Charles Booth）が、イギリスのロンドンで貧困調査をしています。貧困の原因は、国の失業対策の不備の問題であることを明らかにしていくわけです。そして、イギリスはその調査結果に向き合って国の制度を整えて福祉国家を目指すことになるのですが、日本はどうしてそうならないのでしょうか。

チャールズ・ブース　1886年から1903年にかけて、ロンドンの貧困層の実態を把握するための大規模な調査を実施し、以下の①～④の重要な発見をもたらした。

① 貧困の範囲と程度
⇨ ブースの調査によれば、ロンドンの人口の約30%が貧困状態にあり、そのうちの10%は極度の貧困に陥っていることを明らかにした。

② 貧困の原因
⇨ 貧困の原因を失業、低賃金、不安定な労働条件、病気、家族構成などが貧困を引き起こす主な要因として特定した。これにより、貧困が個人の怠惰や道徳的欠陥によるものではなく、社会の構造的問題であることを提起した。

③ 社会階層の分類
⇨ ロンドンの住民を詳細な社会階層に分類し、各階層の生活状況や収入を分析した。彼は、貧困層をさらに「非常に貧しい」「貧しい」「ぎりぎりの

生活をしている」などのカテゴリに分け、それぞれの生活状況を細かく記述した。

④ 地図の作成

⇨ 調査結果を視覚的に表現するために、ロンドンの地図を色分けして貧困の分布を示した。この地図は、貧困が特定の地域に集中していることを示し、都市計画や社会政策の改善に貴重なデータとなった。

丸山 犯罪は、為政者が政策の不備を無視させることに使われやすいという性質があります。たとえば、何か事故があったときに個人を責めるだけで街づくりで防げる交通事故もあるはずです。また、生活保護の不正受給ですが、全体の0.4パーセントです。にもかかわらず、生活保護制度には不正受給という悪いイメージがついていますよね。全体の0.4パーセントだけを指して全体を語るなんて、そもそもナンセンスな話じゃないですか。ドラッグだって酩酊して人をけがさせたり、事件が起きたりすることはありますけど、そうじゃない人のほうが圧倒的に多いわけです。結局、そういった個別の事例を出されたら、それは少なくとも存在はするわけです。たとえば、たまたまシートベルトを装着していなかったから車の天井が潰れて体が運転席の下に入って助かった事例がごくわずかあるのですが、じゃあ皆んながシートベルトを装着しないということになりますか？　シートベルトを装着した方が助かる確率が上がるわけですからシートベルトを装着しますよね。それと一緒のことではないでしょうか。つまり、細かな事例は存在しますが、いかに犯罪が起きないようにするか、いかに薬物の問題使用を減らすかをエビデンスを取っていけば、犯罪化ではなかったということです。

木下 たしかに、全体を見渡したときに、わずかな割合の事例をもって全体を評価することには問題がありますね。生活保護の不正受給やドラッグの問題使用者に焦点をあてて、その制度や行動全体を否定するのは、正確な判断ではないということがよくわかります。少数のネガティブな事例を取り上げて、あたかもそれが全体の問題であるかのように語ることは、政策の不備や

社会の現実を見過ごさせるための便利な手段になりがちです。むしろ、そうした少数の問題に対して、どのように適切に対処していくかを考えるべきであり、それをもって全体を否定するのは偏った見方であると思います。

丸山　国連のドラッグレポートが2016年に出るのですけど、薬物使用者全体の89パーセントは問題のない使用者だったことがわかりました。そして、残り11パーセントが問題使用者なのですけど、そのうち医療的なケアが必要なほど危険な状態の人は、その11パーセントのうちの6人に1人なのです。これら89パーセントを巻き込む必要があるのか、そのわずかな医療的なケアを必要とする人のために何か介入が必要だとして、それが刑事罰なのか、そういうことが問題視されているのです。そういった少数人を指して、残りの89パーセントも、その11パーセントのほとんども含めて、それまで続いている人生を奪ってまで犯罪者にしてしまっていいとは思えません。かといって、すべてを放置していいとも考えていません。支援のニーズがある人には徹底して支援を行う必要があるでしょうね。

"その人らしく生きる"を支援する

木下　何かしら困っている、苦しんでいる人たちで、薬物に頼って、苦痛を伴う生活を紛らわすために吸っている人たちに関しては、生活苦というところの緩和・解決ということが必要なんじゃないかとお考えなのですね。

丸山　少なくとも薬物問題に関しては治療的司法の概念で言ったら、薬物を使わないといけなかった原因を解消して、使わないようにという話になりますが、それも使わないことを善とする価値観を押しつけていることになります。私は、若い頃は治療的司法やドラッグコートの可能性を考えていましたけれど、今の立ち位置的には、人が生きたいような生き方を支援できる社会が良いと思っています。使わないほうが良いという価値観に捉われているわけですよ。「俺なんて、どうなってもいいんだ」と自暴自棄になっている人

を放っておくこととは違います。本人が困っているのなら回復に繋ぐ支援が必要だと思います。そして、本当は生きたいにもかかわらず「死にたい」と言っているだけの人なら、生きたいにもかかわらず「死にたい」と言わせている原因の解決を図らなければなりません。それでも「死にたい」という人もいますし、「不健康でいたい」という人もいます。ただ、すべてを知って、すべてを理解したうえで、でもそうしたいっていう人には自由に生きてほしいと思いますよね。

木下 生きづらさが原因になって薬物をやっている人がいたとしたら、薬物から切り離すということではなくて、生活のしづらさの支援が必要だから、薬物とか、法律違反とか関係なく、どんな人に対してもそういった苦しみがあれば、支援が必要だという考えがまず根っこにあるわけですよね。

丸山 薬物の使用を野放しにして、街がボロボロになってもいいのかとか、苦しんで体がボロボロになっていく人を放っておくのか、と言われたりしますけど、医療に繋ぐべきだ、厳罰化しろ、と言っている方の政策をとる方が問題使用が多いにもかかわらず、それこそ、より薬物使用者を不健康にさせたいのですかと思うわけです。エビデンス的には、大麻を合法化または非犯罪化した方が問題使用が減るのに、なぜ、そこまで自分たちの価値観を守るために人を不健康にさせていくのか不思議ですよね。

　言い回しから発想される問題に着目して、言葉が変わって使われるようになってきた。たとえば「父兄」という言葉は「保護者」などに変わってきているし、「奥さん」や「主人」は「妻・夫・パートナー」という言葉に変わってきた。「男らしい」というものや「女子力」といった言葉も違和感が出てきている。さらに人種や・民族に関わる言葉もそうであろう。たとえば「外人」とは言わずに「外国人」と表現するようになっていった。

　このような問題意識は薬物問題にも少しずつ生じている。たとえば、薬物使用する人や依存症の状態の人を「アディクト／Addict」と表現することがある。日本国内や薬物使用者の関係性では、むしろ親しみや相性を込めて使われる場面が多くあって、以前は国際的にもそうであったが、ここ十数年はその言い回しも注意して使用されるようになってきた。その表現が偏見や差別を助長するということが指摘され始めたからである。では、現在では国際会議やアカデミックな場面でどのように表現されるかというと「People who use drugs」や「People who use substances」といった表記がなされる。つまり、中毒や依存といった言葉のニュアンス自体がマイナスのイメージを生じさせるため、「薬物を使用する人」や「何かしらの物質を使用する人」という表現に変えていっている。本編にもあるように国連のドラッグ・レポートは薬物使用者の89％が問題使用にさえ至っていないと発信している以上、薬物を使用する人のほとんどは依存症や中毒症状を持っておらず、日常生活を送っていると考えられている。

　「たかが言い回しで大袈裟な」と思う人もいるかも

しれない。しかし、その積み重ねがこういった偏見を生まない思考の第一歩なのかもしれない。

（丸山泰弘）

7章

「誰か」と「社会問題」が
交わる時→答え合わせ

　座談会では、刑務所内での処遇から出所後の社会復帰支援に至るまで、多岐にわたる課題や取組みについて議論が交わされた。参加者たちは、弁護士、臨床心理師、社会福祉士など、異なる専門分野からの視点を持ち寄り、犯罪者が再犯せずに社会に適応するための効果的な方法を探る。特に、治療共同体の導入や依存症支援、地域社会との連携の重要性について深く掘り下げている。これに加えて、教育プログラムや職業訓練、心理療法の役割についても詳細に議論された。座談会の内容を通じて、読者は現代の刑務所運営や犯罪者支援の現状と課題について、新たな理解を得ることができるだろう。この理解は、犯罪者の更生と社会復帰を支援するための新しいアプローチを考えるきっかけとなるであろう。

罪を犯した人々への支援感の醸成

木下　本日は、罪を犯した人の支援に携わっている専門家の皆さんにお集まりいただきました。罪を犯した人に対してなぜ支援をするのか、なぜ支援が必要なのか、ということに対して、多くの方が疑問を持っているのではないかと思います。というのも、私は、かつて犯罪を起こした人たちに対して極めてネガティブなイメージを持っていて、処罰感情が強かったことがあるためです。しかし、今はそのような考えが180度転換し、罪を犯した人の支援は、本人にとっても社会にとっても、そして、すべてではないにしろ、犯罪被害にあわれた方たちにとっても、とても重要であると認識しています。皆

さんはいかがでしょうか。なぜ、罪を犯した人の支援に携わるようになられたのでしょうか。加藤さんいかがですか。

加藤　私は、「公務員だと安泰だね」という感覚で刑務官に対する思いいれがあったわけでもなく、高校を卒業して新卒で刑務官になりましたから、社会というものをまったく知りませんでした。大学を卒業したばかりの人や社会人経験のある人ばかりの中で、犯罪者や犯罪というものに対する具体的なイメージすら持っていませんでした。刑務官を拝命した初日に非常ベルが鳴って、受刑者が刑務官に担がれて独居房に連れられていくということが目の前で起こったときに、日常とはかけ離れた光景に唖然としたことは覚えています。

木下　犯罪者に対して何もイメージがないまま刑務官になったものの、よく考えたらこの人たちは罪を犯した人だと我に返った瞬間があると思いますが、そのときに彼らに対して抱いたイメージはありますか。

加藤　刑務所の現場で処遇に関わる刑務官には、この人は何の罪でどういう経緯で収監されたのかという詳細な情報は伝えられません。その中で目の前の留置所や拘置所から連れてこられた受刑者や拘留者と向き合うだけで、「何の犯罪だからどういうリスクがある」ということまで意識して受刑者と関わることはありませんでした。

木下　ポジティブなイメージもネガティブなイメージもとりたててなく、目の前に携わらなければならない人がいて必死に携わったという感じだったのですね。

加藤　そうですね。ただ、刑務所の中で暴れないか、刑務所から逃走しないか、といった安全管理に終始していたイメージが当時はありました。

木下　丸山さんは犯罪者や犯罪にネガティブなイメージがありましたか。

丸山　私は、警察官や麻薬取締官になりたくて法学部に入りました。中学校や高校の頃にソフトボールなどの地元の自治会のイベントによく参加していて、近所に警察官や麻薬取締官の方がたくさんいたこともあって、「そういった職業はどうか？」と誘ってくださったのがきっかけです。また、母親

が20年ほど民生委員をやっていたこともあって、生活が苦しい方の話を母親が守秘義務の範囲で話してくれました。その話を聞くうちに、「どんな人も苦しい生活を強いられてしまう可能性があるな」と常々考えるようになりました。また、大学に入学して法律相談部に入りました。大学生の法律相談部は一般市民の方を対象とした民事事件の法律相談を無料で行っているのですが、たまに紛れて刑事事件の話をする人がいらっしゃいます。刑事事件の相談は引き受けることができないのでお帰りいただくことになるのですが、話している途中で、民事事件で困っている人と背景的にとても似ているなと思いました。犯罪は、巻き込まれるのも、やってしまうのも、ほぼ似たような背景を持っているのではないかと考えるようになりました。あと、大学生の頃に薬物の問題を抱えている人の支援に関わるなかで、彼らが地域の方から毛嫌いされている現状を目の当たりにして、その考えが深まりましたね。

木下 毛利さんは、大学院を出て少年に関わる仕事をされていたそうですが、当時は非常勤で、その後、いわゆる常勤を志望して、少年鑑別所に行かれたという感じだったんですよね。

毛利 私が初めて非行や犯罪をした人にちゃんと出会ったと言えるのは、心理学を学んでいた大学院生時代に児童福祉施設に入っている子どもたちかもしれません。相手が子どもですし、心理学では問題行動も支援と介入の対象として理解しようとしますから、正直に言うと善悪どちらの感情も抱いていませんでした。

木下 私たちの価値観や判断は、文化や経験によって大きく影響されます。犯罪者に対するネガティブなイメージも、その一部だと考えます。「犯罪者」というラベルがつけられると、私たちはその部分のみを見てその人を「悪」と判断し、その人に対してネガティブなイメージを持ちがちです。しかし、そのラベルの裏には1人の人間がいて、彼らの背景や経験に目を向けることで、理解が深まることがあると思います。たとえば、ある犯罪者が育った環境や遭遇した困難を知ることで、その行動の背景を理解しやすくなります。それにより、単なる「悪」として片づけるのではなく、全人的な理解が進む

のではないでしょうか。

毛利 一般的に犯罪者イコール悪い人と思うのは仕方ないことかもしれませんが、出会い、その人をきちんと知ることで変わるものだと思います。刑務所の教育プログラムの中で受刑者が自分たちの人生のことを話していると刑務官が立会いや巡回のついでに彼らの話に耳を傾けていかれることがありました。「彼らがいろいろなことを考えたり、大変な過去があったりしたことを知りませんでした」とおっしゃるわけです。受刑者という属性を取っ払って、純然たる個人として出会い、話を聞くと、悪人だとレッテルを貼る見方からガラッと変わるのだな、ということを実際に体験しました。刑務所を出た人と一般の人が交流するイベントを実施したときも、「怖い人たちだって思っていたけど、普通のお兄ちゃんでした」という感想を聴くこともありました。相手に対する情報量や出会い方でそれがネガティブ、ポジティブと、イメージが変わるんだと思います。

木下 たしかに、処罰感情の強さというものは自分の実体験に結びついて醸成されていくものかもしれませんね。菅原さんはいかがですか。

菅原 司法試験合格後の司法修習のプログラムの一環として依存症の回復支援施設の見学がありました。そこで、初めて薬物依存症の方々にお会いしました。正直、その施設に行く前までは、彼らに対して漠然とした恐怖心や不安感はありました。ところが、施設に行ったときに挨拶をしてくれた方がいたのですね。私は、スタッフさんかなと思って、「こんにちは」「よろしくお願いします」と挨拶をして施設に入りました。そこでもみなさんが挨拶をしてくれました。で、結局みんな薬物依存症を抱える利用者の方でした。そこで、私の中の漠然とした恐怖心や不安感は現実ではなかったという経験をしました。目から鱗が落ちる感じでした。ミーティングも見学したのですが、自分のプライベートなことを和やかな雰囲気でお話をしているのですね。もちろん司法修習生という立場もありますが、ウエルカムで丁寧に扱ってくれる人たちを怖いと思っていた自分が恥ずかしい、といった気持ちになってきて、私にも偏見があったんだという気づきがありました。

丸山 やはり未知の事態に触れるときや想像していない事態に接するときは恐怖心や不安感はあるわけですよね。菅原さんが、依存症の回復施設を初めて見学したときに漠然とした恐怖心や不安感を覚えたと言っていましたが、私もアメリカの刑務所に初めて見学に行ったときは萎縮しました。あんなに日本の刑務所には何十カ所も見学に行っているにもかかわらず、「アメリカの刑務所は怖い……」と思っていました。

木下 未知のものに対する恐怖心や不安感は、誰しもが抱く自然な感情だと思います。菅原さんが依存症の回復施設を見学した際に感じた恐怖心や不安感、そしてそれが実際には根拠のない偏見であったと気づかれた経験は、多くの人が共感できるのではないでしょうか。私たちは、実際にその場に行き、直接人々と触れ合うことで、初めて自分の中にある無意識の偏見や誤解に気づくことができますね。

それに対して、丸山さんのアメリカの刑務所見学の経験も、非常にリアルな恐怖心や緊張感を感じさせます。日本の刑務所とはまったく異なる環境で、見学者としてであっても、危険が現実のものとして存在している場に足を踏み入れることの緊張感は、想像を超えるものだったのだろうと思います。そういった異なる環境に身を置くことで、私たちはあらためて自分が抱いていたイメージや恐れを見直す機会を得るのかもしれませんね。

丸山 参観を受け入れてくれた刑務所の職員が、「青い服以外で来るように。青い服を着て、外にいたら撃たれるぞ」と注意してくれました。アメリカの刑務所に見学に行くと、何かあっても責任を負う(たとえば、被収容者の人たちに人質のようにされたら一緒に撃つことがある)という同意書にサインをさせられました。「嘘だろ……」「そんな刑務所あるの?」とか言いながら刑務所に入りました。受刑者たちと離れて歩くのかなと思ったら、満員電車くらい自分の近くを受刑者が歩いているわけです。あと、アメリカの刑務所で、鎖でグルグルに巻かれて歩いてくる人がいたので、「あの人はどういう人なのですか?」と聞くと、「死刑囚です」と答えてくれました。とにかく慣れていないことだらけで、ずっと萎縮していました。

木下 丸山さんは、アメリカの刑務所で凄まじい体験をされているのですね。日本の刑務所を見学に行った際には、かなり管理されているので恐怖心を抱いたことはないのですが、私もそのような場に置かれたら、すごく委縮してしまいます。そもそも、誓約書を見せられた時点で、見学のモチベーションが折れそうです。

ところで、皆さんは罪を犯した人の支援に携わっているわけですが、罪を犯した人に支援をしていることを非難されることなどありますか。SNSなどで、そのことを発信したら「なぜ罪を犯した人を支援するのか！」と怒号がたくさん飛んできて炎上しそうな気もするのですが。

菅原 私は、保護司としての活動や弁護士として罪を犯した方を支援しているのですが、たまにインタビューを受けて記事になることがあります。そういうときに「炎上するかな」と思ったりしますが、意外と炎上しないことが多くて驚いています。「犯罪者に支援なんか必要ない」と思っている人は、確実に減っているのではないかなと思っています。ただ、「支援なんか必要ない」という言い方から、「罪を犯さないように治してください」といった言い方になってきています。つまり、本人がどうしたいかではなくて社会のために治してください、といった視点に移ってきているだけです。あからさまな問いではなくなっているだけ、手放しで喜ぶのではなく慎重に現状を検討しなければならないのではないでしょうか。

木下 たしかに、支援の必要性を認識する人が増えている一方で、その視点が本人の意志や希望を無視して「社会のために治すべき」という方向にシフトしているのは、慎重に考えるべき問題ですね。支援が単なる社会の秩序維持のための手段として捉えられるようになると、本人の意思や主体性が軽視される危険性があります。支援は本人の人生を尊重しながら行われるべきであり、社会のニーズだけが優先されるべきではないと思います。

菅原 弁護士として支援を提案する難しさも最近は特に感じています。弁護士は本人にとって逆らいにくい、ある種強い立場にある、そのような弁護士から接見室のアクリル板越しに支援の話をされて、ご本人ははたして自分の

意思や希望を言えるのだろうか、支援の押しつけになっていないだろうか。これからは、ただ「支援を」と言うのではなく、誰のための支援なのかということを明確にしていく必要があります。

加藤　「社会のために治してください」という考えですが、行政としての取組みは、犯罪という結果だけを見て犯罪者を処遇するというやり方は卒業しましょう、というものになっていると思います。令和2（2020）年10月の法制審議会による諮問第103号に対する答申を踏まえ、若年受刑者の特性に応じた処遇の充実を図るなかで、彼らが犯罪を起こした理由に焦点をあてて、そこから彼らに関わる糸口を見つけていこうという取組みです。なので、受刑者自身が犯罪行動に至った原因について刑務官や法務教官と一緒に考えていくなかで、「自分はどういう境遇だったのか」「犯罪を起こしたときはどんな気持ちだったのか」といったことを話しながら、自分としては、犯罪に至った要因として何が考えられるのか振り返り、他責的な捉え方にはせずに犯罪を自分事として捉えていきます。彼らの困り事から犯罪の動機を探っていくことが新しいアプローチだと考えています。行き着く先は「再犯防止として、社会のために」のはずです。当事者支援の視点としては、自分自身の特性や置かれている環境を知る機会を作り、生きづらさについて地域の中で置かれていく環境とどのように折り合いをつけて、見通しが立てられるようにするのかだと考えています。

木下　刑事施設に入っていた経験がある渡邊さんは、先ほどの加藤さんのお話をお聞きになって、犯罪に至った人のための理解の促進はどうすればよいかとお考えですか。

渡邊　私は、小学生の頃から万引きを平気でできた子どもでした。なので、犯罪と理解できていたら犯罪を起こさないのかというと別にそうでもなかったと思います。

　私は、中学校や高校に講演に行って喋る機会がありますが、講演後に学生のほとんどが、「当事者の話を初めて聞きました」と言うわけですね。中学校とか高校のときに警察官が薬物依存の怖さを伝えにきて、依存症者を怖い

人たちだとずっと信じ込んできた学生からすると、元依存症者である私の話を聞くことで、これまで信じてきた依存症者と実際の依存症者とのギャップを感じてくれているのかなと思います。依存症者とカテゴライズされた人というよりも、その人個人の背景、私の場合はなぜ小学生の頃から万引を繰り返していたのかを考えるきっかけになってくれればなと思いました。

木下 まさに、そのとおりですね。犯罪に至った背景や動機を理解することが、社会全体としても非常に重要だと感じます。犯罪者を単に「特別な人間」として切り離すのではなく、犯罪に至る過程やそれを引き起こした要因を見つめ直すことで、我々自身も犯罪のリスクを再認識する必要があるのかもしれません。そして、その背景には、誰もが抱えているかもしれない弱さや後ろめたさが存在していることを理解し、ともに支え合う社会を目指すことが、真の意味での再犯防止や社会復帰の鍵になるのではないでしょうか。

渡邊 私は寂しさから万引きを始めて、同級生の気を引くために、非行や犯罪に至ったわけですが、友達に受け入れてほしかったり、友達の中で良い立ち位置をとりたかったりする気持ちは誰しも持っていると思います。とても遠くにあった犯罪も実は地続きにあるということを理解してもらうことで、少しずつ変わっていくのではないでしょうか。多くの人たちが依存症や犯罪をする人たちと自分は違う。共通点なんかないと思っている。他人事だから容易に切り捨てることができてしまう。しかし、そんな依存症や犯罪をする人たちの中に自分と共通するものを見出していったら他人事にできなくなる。だって自分や自分の周囲の人たちがそうなったとき、切り捨てることを良しとする社会に生きているのは自分や自分の周囲の人たちも一緒なのですから。

木下 社会が、罪を犯していない市民からできる限り犯罪を遠ざけることで、犯罪に対して我々一般市民には縁のない特別な人間が起こすものというイメージが膨らんでいったのかもしれません。1980年代、1990年代によく耳にした「覚醒剤やめますか？　それとも人間やめますか？」というキャッチコピーのような啓蒙広告などで、依存症者に対するイメージが彼らに対するス

ティグマや差別意識を生み出したのではないかとも考えていました。これからは、犯罪者が社会復帰していくにあたって必要なことは、我々市民が、犯罪を自分には関係のないことと考えず、我々市民にとって地続きの話だということを感じることではないでしょうか。そのためには、犯罪行為にのみ焦点をあてるのではなく、犯罪の背景には、人によって違うさまざまな理由があるという視点を持って理解してもらうことが必要なのかもしれません。

渡邊 犯罪だけではなく、多くの方が他人に言いたくない後ろめたいものを抱えていますよね。そういった後ろめたさを抱えている人間が社会を構成しているわけですから、いわば無菌のクリーンな社会を志向するのではなくて、人はそれぞれ何かしらの弱さや後ろめたさを抱えて生きているということから目を背けずに、多くの人たちが一緒に生きていくという社会の方が健全なのかもしれません。家族や学校、社会といったコミュニティーが、何かしらやましいことをしている人は組織には存在しない、もしくはそうでなければならないと考えているから、犯罪者を追い出したいという発想になるのではないでしょうか。そういった土壌を作ることで人が生き直すことができ、犯罪が減っていくのではないでしょうか。

丸山 社会学的にも、マジョリティーが気に食わない行動を「犯罪」と定義して、マイノリティーがマジョリティーに合う行動に変えさせることを刑罰と呼んでいるという発想があります [→150頁]。渡邊さんがおっしゃっていることはまさにそうなのでしょうね。

木下 「刑罰」が社会の価値観や権力構造を反映しているという見方はとても興味深いです。特にマイノリティーの行動がどのように取り締まられるかを分析したら、そこには明確なパターンが見えてきそうです。だからこそ、刑罰の運用には慎重さが求められますし、マイノリティーの視点を取り入れることが重要だと考えます。

丸山 刑罰を重くするかどうかは、その人の背景をどこまで配慮するかで異なることがあるみたいです。たとえば、**陪審裁判**よりも刑罰まで含めて考える**参審制**や**裁判員裁判**の方が刑罰が重くならないとも言われています。参審

制や裁判員裁判は市民も事実があったか、なかったかという判断だけでなく刑罰をどうするのかも考えないといけません。そうなると、事件の背景をじっくりと見てどのような刑罰がその人に適しているのかを考えるようになります。背景を知ることで自分ならどうするかといったことが想像しやすくり、厳罰とは違う考えが出てくるのではないでしょうか。

陪審裁判　主にアメリカ、イギリスやカナダなどで行われている裁判として著名な陪審裁判は日本でも行われていた。さらに付け加えると現在も廃止されたのではなく停止中である。裁判員裁判の導入が検討されたときにも日本の陪審裁判を復活させるかどうかは議論がなされたが、当時の陪審員の資格制限などが日本国憲法と沿わないために、仮に復活するとしても多くの修正が必要となる。刑事裁判では検察官の主張と弁護人の主張（する事実）のどちらが正しいと考えるかを裁判官とは別に12人の市民で有罪か無罪かを判断するが量刑には関与しない。アメリカでは全員一致が原則で、一部の州で例外（10対2など）も存在するが、日本では過半数の意見で決定していたようである。

参審制　ヨーロッパを中心に行われている裁判制度である。たとえば、フランスでは（重罪の場合に）裁判官3名に対して無作為に選出された市民6名で構成され、ドイツでは裁判官3名に対して推薦された市民2名で構成される。裁判官と参審員が合議で有罪か無罪かを判断し、その結果が有罪であるとすると量刑も判断する。

裁判員裁判　日本で2009年5月21日から導入された市民参加型の裁判である。国民の中から選出され、法廷で行われる審理に立ち会って、裁判官とともに有罪か、無罪かを判断し、有罪の場合は量刑（刑罰の重さ）も判断する。この量刑の判断もするところが英米で行われている陪審裁判との大きな違いである。

刑務所改革の現状と課題
―教育刑の導入とその影響―

木下 加藤さんが、新しい刑務所づくりに携われているというお話をされました。今までの方法的な軸足から教育刑的な軸足に建てつけを変えていくというお話ですが、毛利さんいかがでしょうか。島根あさひ社会復帰促進センター（以下、「島根あさひ」）では加藤さんが携われている新しい刑務所のプログラムと同じような取組みはされていましたか。

毛利 私の島根あさひ勤務開始は2008年です。2005年〜2006年にかけて、監獄法がいわゆる受刑者処遇法、という新しい法律に代わり、法的に拘禁と刑務作業だけだったものが受刑者の社会復帰に向けた処遇の充実がうたわれ、**教育刑**に移っていくと言われていました。その流れを受けて、プログラムは導入されるのですが、プログラムが機能するか否かは各刑務所や各スタッフの質に依存することになります。結果、定められた内容を粛々とやるだけの刑務所もあれば、頑張っている刑務所もあったと思います。要は、法の理念を実現できるかは現場次第でした。また、**官民協働刑務所**では、国は精神障がいに特化したプログラムを作って実施するようにという要求水準を定めましたし、特別な対応が必要な人への体制を作ろうとする動きもあります。それをもっと広げようとしました。けれども、**名古屋刑務所における暴行陵虐事件**が起きたように、現場の職員すべてが、特別な対応や特別な教育の意味や目指している刑務所の姿を十分に理解して実施できているか疑問です。つまり、法的にはすべての職員が刑の執行者でもあり、教育的働きかけを行うエージェントですが、現場にそういう意識がまだまだ浸透していないのではないかと懸念します。それは現場のせいや現場職員の人格の問題ではなく研修の問題だと思っています。法務省職員時代に受けた研修と島根あさひで働く刑務官の一部から感じたことですが、関わりが難しい人を相手にする職業でありながら、高卒や大学卒業したての若者を集め、法律の知識と訴えられ

ないための振舞い、受刑者になめられないための叱り方しか教わっていない
ことも多いように思いました。が、法律が変わろうが偉い人が良い仕組みを
作ろうが、トップダウンで現場の風土が変わっていくのかはまた別の話では
ないでしょうか。仕組みができることは重要だと思いますが、本当の変革が
進むかどうかはまた別の、もしくはさらなる現場の努力が必要だと思いま
す。

教育刑　刑罰の目的や効果として「応報」、「抑止」、「無害化」、「社会復帰」な
どが考えられてきたが、その中でも人々を既存の法に従う心情を強化すること
を刑罰の目的としようとしたもの。受刑者を改善し、更生させるための教育を
する刑罰論のこと。懲らしめだけでなく社会復帰を前提に考えられるとする一
方で、本人の主体性によらないプログラムは効果がないとする面からも、市民
や受刑者の中から自生したものではなく、教育の客体として刑罰を科すのであ
れば、それは自主的なものではないとして、批判的な意見も出ている。

官民協働刑務所　社会資本の整備を民間主導で効率的に行うことを目指して
1999年にPFI推進法が施行され、そのPFI方式によって刑務所整備がなされた。
日本には山口県の美祢社会復帰促進センター、島根県の島根あさひ社会復帰促
進センター、兵庫県の播磨社会復帰促進センター、そして栃木県の喜連川社会
復帰促進センターが設立された。海外にあるような完全に民間の刑務所ではな
く、半分は民間、半分は官が運営する半民半官の刑務所である。これは刑務所
管理に伴う行政責任については国がすべての責任を負うべきとの考えから進め
られた。

名古屋刑務所における暴行陵虐事件　2001〜2002年に名古屋刑務所において
複数の刑務官が受刑者に暴行を加えていた事件で、受刑者の肛門に向け消防用
ホースで放水したことによる直腸破裂で死亡した事件や、革手錠を締めつけた
ことを原因とする死亡事件など重大な傷害だけでなく、死亡者も出してしまった

事件。法務省に対して「自傷による死亡事故」と報告していたことも問題となった。この事件が契機の１つとなり行刑改革会議が発足し、監獄法の改正作業が行われた。

加藤　毛利さんのおっしゃるとおりで、法律が変わったから急にすべての組織が変わるのか、人が変わるのかというと、そんな簡単な話ではありません。今回の新たな取組みは、法制審議会による諮問第103号に対する答申（令和２年10月）を踏まえ、若年受刑者の特性に応じた処遇の充実として、「若年受刑者少年院転用型処遇」を行う刑事施設を設置する取組みとして開設準備が進められているものですが、背景のひとつとして知的レベルの低い受刑者が一定数いるので、今までのような管理的な処遇だけでは再犯防止にならないというところがあります。もともと行政としては、出所者に対して職業訓練などを行うことで、就労自立を図り再犯防止に繋げようとしてきた部分はありましたが、医療や福祉が進歩し、新しい見立てやアプローチが数多く生まれてくるなかで、新たな処遇の形にも活かされる時代になってきたと思います。社会の影響を受けにくい刑務所の環境が変わることは難しい側面もあります。刑務所が、閉鎖的な環境という要因もありますが、処遇の仕方や受刑者との距離感の取り方といった刑務所の文化やマインド、技術が刑務官の中で受け継がれてきたことも少なからず影響があると思っています。

木下　たしかに、法律や制度が変わっただけでは、実際の現場がすぐに変わらないと思います。刑務官の処遇方法や受刑者との関係性も、長年の慣習や文化の中で形成されていますから、そうした背景を踏まえて新しいアプローチを導入する必要がありますね。

加藤　私は、刑務官や法務教官に「個人としての人格や価値観を横に脱ぎ捨てて勤務をしていませんか」と話をすることがあります。いくら良い制度を作ったとしても、それを受刑者に提供する場所は刑務所です。そして、それを運用する主体は刑事施設の職員です。施設の職員自身が地域で暮らしている市民の一人でもあります。市民が持つ感情や価値観について、施設に収容

され、外界との接触が限られている受刑者に身をもって伝えられるようにする教育は可能であり、必要ではないかと考えています。その中で、職員教育を先に行う必要があるのではないかと、行政に話をしていました。

木下 刑務所の閉鎖的な環境の中で働く刑務官にとって、受刑者や犯罪に至った人という側面のみからではなく、一人の人間として接することがどれだけ重要かがわかります。職員教育を通じて、刑務官が自分自身のこれまでの価値観を見つめ直し、受刑者とより良い関係を築けるようにすることが必要ですね。そのように自身の価値観を客観的に捉えることを、社会福祉の業界では「自己覚知」[→073頁] と呼びます。

加藤 現場に関わっている刑務官の多くは脱人格化 [→129頁] のような状態で、職務をこなしているのではなないかと思います。通常の刑務所の運営自体が、刑務官にとってかなりストレスフルな状況になっている結果、受刑者にもさまざまな影響を及ぼしていると思います。その中で、対受刑者ということを考える以前に職員自身のセルフコントロールに関する研修も手厚くやっていかないと今回の新たな取組み自体上手くいきません。もともとこの観点での職員研修は検討されていませんでしたけれど、ぜひ取組みの最初に入れた方が良いのではないかと行政に話をしていました。

木下 今まで、刑務所や刑務官は、罪を犯した人たちを十把一からげに見るという慣習があったわけですね。個人の背景が見えてこないなかでの処遇から、その人その人がどういった背景を抱えているのか、どういった特性があるのか、その人を知って接していくという環境になりつつあるのですね。

加藤 その人個人を知るということがまず大事です。研修で私の話だけ聞いてもらっても効果が期待できないので、施設の職員には、障がい者が社会参加をしていくためのプログラムを実施している医療機関などで実習を行ってもらうことも検討しています。注意していることは、「これは医療福祉でやっていたものだから施設の職員には関係ない」という気持ちが入らないようにすることです。他人事ではなく自分事として置き換えてもらえるように考えています。

木下 医療機関や福祉施設での実習を通じて、刑務官がこれまで受刑者に持っていたイメージや価値観に変化がもたらされ、受刑者との向き合い方に変化をもたらされそうですね。受刑者との関わり方が変われば、受刑者が出所した後の自身の生活や社会に対する考え方にも良い意味で影響が及び、犯罪行為から離れることにも繋がっていくのではないかと考えられます。

加藤 私は、障がい者の就労支援などの社会参加についても別のプロジェクトを進めています。しかしながら、そのプロジェクトについて一般の方々に話をしても、なかなか上手く伝わりませんでした。どこまで話をしても障がい者という大きなカテゴリーでくくられてしまって、個人それぞれが抱えている背景が上手く伝わりません。どうして浸透しないのか考えてみると、就労支援に関しては**産業保健**という切り口で健常者も障がい者も労働者としてひとくくりにされていたのですね。障がい者や犯罪者というくくりで話を考えていくと、いつまで経ってもそれはもう他人事になってしまいます。

産業保健 働く人々の健康を守り、労働環境を安全で快適にするための取組みや制度を指す。職場における健康リスクを予防し、事故や病気が発生した際に対応することが中心でとなる。具体的には、労働者が安全かつ健康に働けるよう、職場の安全管理、メンタルヘルスのケア、定期健康診断の実施、過重労働の予防などが行われる。これにより、企業は従業員の健康を保護し、生産性の向上や労働災害の抑制が期待される。

木下 個人個人を理解することの重要性を研修からまず、という意図ですね。

刑務所改革に向けた多様なアプローチ
―障がい者対応の改善の必要性―

渡邊 毛利さんにお聞きしたいのですけど、刑務所には障がい者も収容されていますよね。障がい者と健常者をいっしょくたに収容してしまうと、障がいと犯罪が関連しているように思われませんか。障がいがあるから犯罪をしたということになってしまい、障がいそのものが責められているように感じます。障がいがあって刑務所にいるのか犯罪をしたから刑務所にいるのかがよくわからなくなるのではないでしょうか。

　たとえば、アルコールや薬物依存症の人たちの多くが病気そのものが原因で刑務所に入っているわけではないですが、依存している行為を続けるために結果として犯罪を繰り返していたりする場合、アルコールや薬物を使いたくなったり、使ってしまったりすること自体はある意味病気がさせていることですが、結果としてやってしまっていることは犯罪になる。そうすると、依存症や精神疾患などの障がいを持っているとそれだけで罪を犯すリスクが高いと周囲は思うのではないでしょうか。島根あさひでは、障がい者と健常者を分けて違ったアプローチをされてきたのでしょうか。

毛利 島根あさひでは、身体的・精神的障がいのための特化ユニットがあり、別に処遇をしていました。ただ、どこで線引きをするかは恣意的に決めるしかないので、一般のユニットにも軽微な障がいを持っている人はいたと思いますし、いっしょくたと言われるとそうかもしれません。ただ先輩方から聞いた昔の話と比較すると、ずいぶん障がいや特性に配慮しようという仕組み自体はできつつあると思います。ただ、個人の意見ですが、あまり特別扱いのようにすることも良いとは思っていません。犯罪行動の原因となる人間的な苦悩や、再犯リスクや支援ニーズへのポイントは障がいの有無に関係なく同じです。ただ、働きかけるときには、障がいがある人とない人では情報の受取・発信のチャンネルが大きく違うことがあるので、そこは別のアプ

ローチが必要になります。野球で例えれば、投げる球種が違うだけなのです。すべてをいっしょくたにしてはいけないということには賛成しますが、犯罪行動の変化という点では人間としては共通であり、投げる球種や、変化までにかかる時間が違う。プログラムの違いも、「障がいを持つ人用」というより、チャンネルが違う人ごとの球種を変えたプログラムがあるといった程度の認識です。

渡邊　いや、そういうチャンネルが違うっていうか、更生とか支援っていうのはちょっと適切じゃないのかもわからないですけど、何か足りないというか、人それぞれ思うようにいかないことがあるわけじゃないですか。その思うようにいかないことに特化した、その人に合った精神年齢、知的レベル、発達段階に応じた取組みをしていくことで、改善を図ることができたらいいですね。

毛利　そのように考えていると思います。個人の特性に応じた生活管理の仕方やコミュニケーションの仕方はもちろん病院でもできるし、刑務所でもやっています。重複するところはあるのだろうなと思います。他の方たちはどのようにお考えですか。

木下　菅原さん、治療的司法の観点から今の話をお聞きになっていていかがですか。

菅原　刑務所の取組みを肯定的に捉えたい反面、なぜ刑務所の外に出そうとしないのか、という刑務所の態度そのものに対する危惧も感じてしまいます。治療が必要であれば、外にある専門病院と刑務所が繋がりを持ち、刑務所でできないことは外の協力を得よう、という方向にはならない。刑務所がすべて自前で抱え込むことのコストと意味は何でしょうか。刑務所ができることとできないことをきちんと線引きせず、刑務所の中で工夫して終わりになるような状況は健全とは言えないように思います。多分どこまでいっても、刑務所の側が犯罪者というくくりで話すことを手放さないところに問題の本質があるのではないかなと私自身は思っています。

木下　そうですね、菅原さんのおっしゃるとおりだと思います。刑務所が

「犯罪者」という枠組みにとらわれ続ける限り、社会復帰のための真の治療を提供するのは難しいように感じます。出所後に継続して地域社会で生活を営む「生活者」でいることに意識が向けられるべきと考えます。そして、刑務所の役割と限界を明確にし、外部の支援機関と連携することで、受刑者が社会に出た後も継続的に支援を受けられる仕組みが必要ではないでしょうか。

菅原 加藤さんの話を聞いて、「刑務官が**エモーショナル・リテラシー**をやるんだ」と興味深いものがありました。いろいろ抑圧されていた方に対して、自分も人間らしく、いろいろな感情があることに気づいていきましょう、というセラピューティック・コミュニティー［→098頁］で行われている手法と同じようなことをされているわけですよね。受刑者たちが受けてきた治療を今ようやく刑務官が受け始めていると。私は、常々社会が受刑者たちが帰りたいと思える場所になっているのかという疑問があります。刑務所でプログラムを受けて出てきた方のお話を聞くことがあるのですけど、刑務所でどんなに丁寧な扱いを受けたとしても、社会の側が自分をまったく受け入れてくれない、治療を受けることができない、ということをおっしゃる方が多くいます。そして、日本全体が貧しくなってきてさまざまな問題が出てきて、社会の中でも辛い思いをしたり、苦しい思いをしたりしている方がたくさんいますよね。

エモーショナル・リテラシー　自分の感情を適切な形で特定して理解すること、そして適切な形で表現すること。特に自分でも気がついていない抑圧された感情に気づいて受けとめ、必要であれば適切な方法で表現することで、自己理解だけでなく他者の感情理解にも繋がるため「心の知性」とも呼ばれる。

木下 たしかに、社会全体の受け入れ態勢が整っていないと、刑務所内での取組みが十分に活かされません。刑務所と社会の橋渡しをより強化し、受刑者が出所後も安心して支援を受けられる環境を整えることが重要ですね。それは、市民の安心と地続きであると考えます。

菅原 ご本人たちがいくら刑務所の中で、気づきがあったり、動機づけがあったりしても、社会の受け皿が本当に限られています。渡邊さんがおっしゃったように、社会の側の否認が強すぎて帰りたい社会になっていないな、という気がしています。私は、依存症の回復施設にいらっしゃる方には、施設を出たら身につけたスキルや学んだことを社会の中にどんどん還元していってほしい、という話をします。社会の側にもエモーショナル・リテラシーが必要でしょうし、自分の生きづらさを抱えながらもなんとか生きているのだけど、いつそれが爆発するかわからないといった閉塞感を少しずつ和らげていくことが、めぐりめぐってまたご本人の処遇に返ってくるイメージがあります。

毛利 菅原さんと同じように、社会にいる一人ひとりが犯罪者への理解が深まる必要性を感じています。さらには、私個人としては、犯罪行動を扱える専門家が増えないと受け皿は増えることはないと考えています。依存症の方たちは自分たちでネットワークを作っているのですが、依存症を抱えていない罪を犯した人たちが行くことのできる場所が少なすぎます。犯罪行動を扱える人が刑務所の中に一番多くいるため、結果として刑務所が犯罪行動を扱うのに適した場所になっています。社会の中で犯罪行動を扱える人や施設が増えて、そこにアクセスしやすくなることが大事なのではないでしょうか。

木下 なぜ、刑務所がすべてを抱え込まなければならないのでしょうか。刑務所でできないことは外の専門機関に委ねていけばより良い効果を得られるように思います。丸山さん、いかがですか。

丸山 理論的に言えば、福祉の問題と刑務所の問題は、明確に分けることが一番良いのですよ。ただ、福祉の問題と刑務所の問題それぞれが複雑に絡み合っています。刑務所には、いろいろな所でノーと言われた人が来ます。たとえば、病院に入院できなかった人や福祉施設から入所を拒否された人たちです。刑務所だけは収容に対してノーと言わないので、あらゆる所から溢れた人が来るわけです。現場の人が頑張っていて、法務省の人も刑務所を充実させるよう頑張っていらっしゃるのですが、ただ、教育刑論 [→183頁] は刑

事政策や犯罪学ではもう数十年前に議論されている、一定の終焉を迎えた議論だと私は思っています。また、刑務所を充実させると、社会に受け皿のない犯罪者は刑務所に入れればいいという議論になるのですよね。さらに言うと教育刑論の行き着く先は、刑務所が受刑者を抱え込んで、私たちが教育してあげるから、治してあげるから、という路線になりやすいのです。なので、やはり社会で生活をするということをベースに取り組むのがいいと思います。

木下 毛利さんにおうかがいしたいのですが、実際に刑務所でさまざまなプログラムに携わられてきたなかで、刑務所として、出所してから再犯に至らずにすむような対応ができたかな、といったことはありましたか。

毛利 これというひとつのものはありませんが、島根あさひの治療共同体を経験した人への出所後のインタビュー調査では、考える力がついたことと、エモーショナルリテラシー、つまり自分の気持ちに気づいて他者に表現して話し合うことができたことが生かされていると言っていました。特定のプログラムというよりは、外との繋がりを作ること、考える時間と刺激を与える環境を作ることが重要なのかと思います。そういう意味で、今後の刑務所のあり方として外部の団体がたくさん入った方が良いと思います。刑務所は、物理的にも情緒的にも閉鎖された場所で、受刑者はもちろん職員もマンネリ化し動機づけが下がりやすい場です。国が肝入りで行う施設やプログラム以外では、新しいことに挑戦する挑戦的雰囲気を喚起・維持することについてかなりの困難がつきまとうと感じます。

木下 なるほど、外部の団体の方がより適切な支援ができるということですね。しかし、刑務所内でのプログラムにも一定の意義があると思います。たとえば、職員が直接受刑者と関わることで、信頼関係を築くことができるという面もあるのではないかと思います。そのうえで、外部の団体との連携をどのように図っていくべきでしょうか。

毛利 外部の団体の職員は刑務所職員よりは生活圏で生きていますし、外との繋がりをたくさん持っているので、その繋がりを上手く使うことで受刑者

に良い効果が期待できます。また、外との繋がりでいえばインターネットを受刑者が使えるようになればいいですね。たとえば、今滞在しているアメリカのメイン州の刑務所では、どうのようにセキュリティーをかけているのかはよくわかりませんが、受刑者がインターネットを自由に使って出所後の仕事を調べていました。刑務所が受刑者に対して何かやってあげているのではなく、出所後のトレーニングとして受刑者みずからのために能動的に動けるといいですね。

木下 インターネットの利用はたしかに現代社会では不可欠なスキルです。セキュリティー面の問題さえクリアできれば、有効な手段となりうるでしょう。また、一般の方々が刑務所に出入りすることで、受刑者との交流が深まり、出所後の社会復帰が円滑になる可能性もありますね。これは、一般の方々の受刑者への偏見も和らぐことにも繋がると思います。異なるグループ間の対立や偏見を解消するために、直接的な接触が効果的であるとされる「接触仮説」という理論で説明されていますね。

毛利 あと、刑務所に専門家以外の一般の方が入りやすくなればいいと思います。受刑者は、刑務所では一般社会で生活を送るうえでの感覚がズレていくので普通の人と喋ることのできる機会が本当に貴重だ、と言っていました。異性と喋る機会もないし、普通に敬語で喋ってもらえる機会もない。すると、ますますシャバの感覚が薄れていきます。大層なプログラムでなくてもいいので、いろいろな人たちが関わる機会があれば、出所後の生活に資すると思います。また、裏を返せば、社会の人に犯罪をした人を理解してもらう機会にもなります。

木下 社会から隔離された施設の中でずっといると、その施設の慣習の中で過ごすことから、その慣習に染まってしまって社会復帰がどんどんできなくなっていくわけですね。

毛利 そうですね。社会から隔離された施設では、ずっとそこにいるスタッフもマンネリ化や極性化した組織同士でも麻痺してしまうという病にかかるので、いろいろな回転があった方がいいなと私は思います。

木下 渡邊さんは、実際に受刑されていた身として、社会復帰するにあたって、こういう制度や支援があればよかったとか、こういうことが障壁になったということはありますか。

渡邊 私は、アメリカの刑務所へ自助グループのメンバーとしてメッセージに行ったことがあります。そこに刑務官はいなくて、コーヒーを飲みながら、厚い本を持ってきてミーティングをしていました。司会も受刑者が担当していて、普通に雑談していました。他方で、日本の刑務所はメッセージで入っても刑務官や法務教官が同席していて、発言内容を監視されているような感じでした。また、更生保護施設で、「生活保護を受けながらミーティングに参加しています」という話をしたら、「ちょっとやめてください」と言われたことがあります。国が考える社会復帰は、仕事をすることなので、ミーティングの参加者に生活保護はすすめたくないそうです。

木下 たしかに、アメリカの刑務所では受刑者が主体的に活動できる場面が多く、日本とは異なる支援体制が整っているようですね。このような違いに気づくことは、多くの元受刑者にとって重要な発見となるでしょう。ところで、そうした支援や制度の違いを通じて、渡邊さんが特に感じた社会復帰における最大の課題は何でしょうか。

渡邊 私は、たとえば、自分の快楽を満たすためだけに、悪意で犯罪を起こした人ならば、反省させることで良くなると思いますが、そうではない理由の受刑者を、反省させたり、罪の重さをわからせたりしたからといって、犯罪を起こさなくなるというのは違う気はしています。だから、そうじゃない理由で犯罪を起こしているなら、その理由を分析・検討したうえで、理解する必要があるのではないでしょうか。それに、刑務所での反省よりも、社会の中でいろいろな人と出会ったり、いろいろな所に行ったりすることで、犯罪を起こさなくなった人が多くいると思います。先程、毛利さんが、犯罪に至った背景に対する支援や関わりが必要だとおっしゃいましたが、そういった支援や関わりを刑務官に担わせてしまっていいのでしょうか。刑務所は、罪を償う場所という性質もあると思います。刑務官は罪を償うことを担っ

て、支援は別の立場の人が担った方がいいのではないか、と個人的には思いました。

木下 加藤さん、毛利さんと渡邊さんの話をお聞きになって、どういうことを考えられましたか。

加藤 皆さんのおっしゃることもわかるなと思います。今までの処遇は、本人の能力や理解力があるかどうかという側面や犯罪を起こした理由や背景の側面を見ていく以上に、「結果を見つめ直しなさい」「反省しなさい」ということについて刑務作業を通じて行なっていたところがあります。なので、受刑者が出所する際に生きづらさを少しでも解消できるきっかけを受刑中に受けることができればいいなと思っています。また、受刑者に障がいの傾向があるのであれば、必要とされる医療や福祉のサービスに繋げて、受刑者の自己理解と他者理解に繋がる情報を集めておくことも大切です。私が関わっている新たな取組みは刑事施設の中で完結するものではありません。受刑者が反省するにしても、自分の特質性をわかってないと反省のしようがありませんし、注意・指導を受けても、なぜ注意・指導を受けているのか理解できません。

木下 なるほど、受刑者が自分自身を理解し、必要な支援を受けることができる環境を作ることが重要ですね。そのために、刑務所内外の連携を強化することが求められるわけですね。

加藤 あと、私は、医療、福祉、行政の相談窓口といった地域の支援関係機関へ向けて、新しい触法者の処遇の形について話をしています。その際に、地域は今まで出所者の支援をどのようにされていたかを尋ねると、出所者の情報がまったく入ってこなかったそうです。なので、地域が出所者の情報をもとに信頼関係を構築しなければ、仮に出所者が支援者に繋がったとしても、気がついたら出所者がいなくなってしまうこともあったりします。情報がなければ、支援する側としては、支援対象の方にどのように対応していいかがわかりせん。今回の新たな取組みでは、個人情報の観点から外に出せない情報ももちろんあると思いますが、出所者が帰っていく地域の支援関係者

と刑事施設でどんな取組みをして、どんな気づきを得たかという情報を共有できる仕組みを導入するように行政へ話をしています。

木下 今まで刑務所に入ると受刑者と地域が完全に分断されてしまい、結果、社会生活を営むうえでの感覚やコミュニケーション能力が落ちてしまう。これを防ぐために現段階でできる範囲の中で可能な限り社会との繋がりを保てるようにしようとする試みですね。

加藤 そうですね。次の段階として、地域と受刑者をどう繋ぐか、地域から見て受刑者がどのような施設環境で、どのような取組みを重ねてきたのか透明性を高めるためにどうするかというところになっています。今、地域で私はこの部分の重要性について話をし始めているという感じですね。

木下 菅原さんが犯罪者や依存症者に対する社会の反応が変わってきている感じがするとお話しされていましが、この背景にはどういったことがあるとお考えですか。

菅原 報道の取り上げ方の切り口が変わってきていることがあるのではないでしょうか。インタビュアーの方も非常に勉強されていて、「ダメ。ゼッタイ。」「人間やめますか？」[→159頁]といった誤解を生むような表現を発信することが少なくなってきています。また、自分の痛みと重ね合わせながら、読んでくださる方がいらっしゃるのではないでしょうか。

木下 たしかに、報道は「世論形成」や「社会の価値の変化」に寄与します。最近の、犯罪者に対する報道のアプローチが変わってきたことで、社会の認識も徐々に変化してきているように感じています。具体的には、以前に比べて、依存症や犯罪者に対するとらえ方が変わり、偏見が減ってきた。それに伴い、具体的な支援策や教育の変化も見られるのではないでしょうか。

菅原 情報発信する側の努力が少しずつ実を結びつつあるのではないのかと思います。他方で、国側は、まだまだ「ダメ。ゼッタイ。」といった誤解を生むような表現を使っています。犯罪者の処遇を担っている主体の情報発信の仕方がなかなか変わってはいないと感じています。ただ、国の対応も少しずつではあるものの変わってきているのではないかと思ったことがありまし

た。先日、刑務官の呼称が変わったというニュースを見たのですが、それは刑務官を「先生」と呼ぶことをやめて、「さん」づけで呼ぶという運用が開始したというものです[1]。私の依頼者は、みなさん刑務官のことを「先生」と呼んでいて、先生といかに関係をつくるか、いかに先生の目を盗んで何かするといった関係性が変わってきている兆しのようなものを感じています。

丸山　私も受け入れる社会が変わりつつあるなと感じることもありますが、まだまだ変わらないなと感じたことがありました。新聞の取材を受けて薬物の使用者側についてコメントをしたのですけど、私のコメントの内容がまったく反映されていないわけです。政府の広報みたいな新聞記事でした。ただ、その記事は Yahoo ニュースでも配信されたのですが、記事本体よりも素晴らしいコメントがついているわけですね。ネットに書き込まれている人の方が新聞記者より海外の文献をよく読まれていて勉強されていることがわかるコメントで、私も勉強することができました。薬物問題を抱えている人たちは黙らざるをえない状況だったのが、発言される方も増えてきていることを考えると社会の側は少し変わってきている気がします。

木下　なるほど、そのように Yahoo ニュースのコメント欄の内容から、薬物問題に対する社会の受け止め方が変わってきているというような認識もできるのですね。「社会を変える」「社会が変わる」ということに関心があるので大変興味深いです。刑務所も旧態依然とした慣習などがかなり残っている施設と思います。丸山さんから見て、日本の刑務所はどのように変わっていく必要があると考えますか。

丸山　そもそも刑務所は保安施設であるということが第一命題になりますから、社会安全を守るための保安と被収容者の社会復帰の両方を行うことは無理を強いる可能性があります。隔離しているから社会復帰をする限界がある

1　朝日新聞デジタル「受刑者らの呼び方、4月から『さん』づけに　全国の刑務所や拘置所で」2024 年 2 月 15 日〈https://www.asahi.com/articles/ASS2H5VQXS2HOXIE01Y.html（2024 年 6 月 13 日最終閲覧）〉。

ので仕方がないという側面はありますが、工夫次第でプログラムの種類を充実させることは可能だと思います。たとえば、アメリカの刑務所では複数人で協力して進めるボードゲームをするだけのプログラムがあります。コミュニケーションをとって戦略を練ってボードゲームをするのですね。自分だけで解決できないことを話し合って決めていくという手段として使われていたようです。また、心理職やソーシャルワークの専門家を大学院のインターンとして刑務所で引き受けるなど、外部の人も巻き込んでプログラムをどんどん実践していけばいい、と思います。外部との風通しが良くなることにも繋がるし、いろんなプログラムを行うこともできます。

木下　他の方もおっしゃっていましたが、刑務所内のプログラム充実や外部専門家との連携は非常に重要だと思います。プログラムが多様化すれば、受刑者が社会に戻る際の準備がより具体的になるのではないでしょうか。特に、コミュニケーションや協力が求められるプログラムは、社会生活に必要なスキルを養ううえで有益だと考えます。

丸山　また、矯正研修所の人たちの研究成果を Yes、No とはっきりと言えるようにするというのもありかもしれません。たとえば、「このプログラムには効果がありません」とはっきりと言えるようにしてあげたらいいのではないかなと思うのですよね。公的にお金をもらっている人たちは、「このプログラムはこうすれば効果があります」と言わざるをえない立場に置かれていて、「まったく意味がありません」といったことは言いにくいのですよね。たとえば、「暴力団離脱指導はどのような効果があるとエビデンスが出ていますか？」と聞いたら、研修所の人たちは一部返答に困ることもあったのではないでしょうか。ただ、彼らが「このプログラムは効果がありませんでした、すみません」ではなくて、「次はこういうプログラムに変えてみます」と言うことのできる環境を整えたらいいのではないかなと思っています。

罪を犯した人々への支援の意味

木下 今日の座談会にご参加いただいた皆様は、罪を犯した人の支援にそれぞれ携わっています。罪を犯した人たちに携わる、支援をする意味や意義はどういったところにあるのでしょうか。また、社会に対して皆さんの立場から伝えたいことをお聞かせください。

加藤 罪を犯した人も地域の生活者です。犯罪行動を起こした背景にはその人が抱えているさまざまな問題がありますが、犯罪は日々の何気ない生活の中で起きていたり、地域の中に原因があったりすることもよくあります。人とその人が置かれている環境、その人が生活をしている地域を、連続したものとして見ていくという視点が大事になります。

　私は、刑務所での取組みが特別なことをやっていると思ってはいませんが、当たり前のことを当たり前のこととして捉えられて、刑務所の中では受刑者を当たり前に扱わなければならない、そして、出所後に彼らが生活する地域において当たり前のように支援を繋いでいかなければなりません。この当たり前のことがさまざまな立場の方が暮らしている社会の中では難しいこともわかっているのですが、受刑者が社会生活に戻っていくということができる社会にしなければなりません。そのためには、犯罪を他人事として扱わないということが必要です。刑務官だって官服を脱げば地域の一生活者なわけですから、これは刑務官と受刑者の間のやりとりでも一緒なのですね。受刑者も出所してしまうと、地域で暮らす生活者となり、誰もが隣人となりえるわけです。

　犯罪を他人事と捉えずに身近なこととして捉えていく、分野も超えて、地域も超えて、自分事として捉えていくということを考えていただきたいと思いますし、私も触法者がどのように社会生活へ戻り、社会としてはどのように触法者を受け入れていくことが望ましいのか考え、各人の立場で少しでも

見通しが持てるような活動は続けていきたいと思っています。

木下　ありがとうございました。加藤さんのお考えに深く同意します。罪を犯した人も私たちと同じ地域の生活者であり、犯罪の背景には個々の問題だけでなく、地域や環境の要素も含まれていることを理解することが重要ですね。犯罪を他人事と捉えず、自分事として捉えることで、受刑者が社会に戻るための支援が当たり前に行われる社会を目指すことは、私たち全員が安心して生活を続けるために必要不可欠な視点だと思います。刑務所内だけでなく、地域全体での支援が必要だという考え方に共感しますし、加藤さんのような取組みをされている方々がいることに心強さを感じます。これからもそのような活動を続けていただきたいと思います。続いて菅原さんお願いします。

菅原　犯罪者と言うと、その人の人格すべてが犯罪のように聞こえますが、罪を犯したという事実は、その人の全人格ではありません。私は弁護士であるため、彼らは罪を犯した後に出会う存在であって、罪を犯したという事実は消すことはできません。ただ、その方が罪を犯したことに対して、裁判を受ける、刑罰を受けるというプロセスを経たうえで、これから先どう生きていきたいのか、これまでどのように生きたいと思いながら生きてこられなかったのか、それを汲み取って少しでも形にするお手伝いを私はやっています。彼らが、自分が生きたいように生き直していく様を目の当たりにすると、私がやっていることに意味があったのではないかと思います。そして、生き直しが成功するケースは少なくありません。やはり、犯罪をした人が罪を犯すに至る背景はそれぞれですが、悪いとわかっていても罪を犯すということは、そこに価値を見出してしまっていると言える場合が多いように思います。たとえば、トラウマ体験を受けてフラッシュバックが起きてしまう人が、違法薬物を使うことで一時辛さを忘れることができる、そういった切実で、切ない思いがあることが多いわけです。それが、医療などによるサポート、福祉によるサポート、人それぞれ必要とされるものは違いますが、そういったサポートで彼らが癒やされることで、1人の人間が生き直していく光

景が私の活動を支えてくれていると思っています。

　この本を読まれているということは、社会の問題に興味がある方かもしれないし、加害者が身近にいる方、自分が加害者であった方、自分が被害者の立場、さまざまな立場から読まれていると思います。自分は本当にこの社会で生きていて楽しいのだろうか、この社会から離れたときにまた帰ってきたい社会って何なのだろうかということに立ち返ってほしい、そして、自己責任という考えをやめてほしいな、と思います。考えてもいないことが起こって辛い思いや苦しい思いをすると自己責任として押し込めている方が多いと思うのですよね。社会の構成員がそういった自責を抱え込んでいる社会が生きづらさに繋がっているのではないでしょうか。自己責任という固定観念に縛られて自分を責めることをやめて、誰かの手を借りてみるということが、今の社会の生きづらさ、締めつけ合いがほどける第一歩なのかなと思っています。

木下　ありがとうございました。たしかにそうですね。犯罪を犯した人々がその事実だけで全人格を否定されることなく、更生のプロセスを通じて新しい人生を築く支援は本当に意義深いと思います。特に、彼らの過去を理解し未来を想像して支援する姿勢には感銘を受けました。彼らが生き直していく様子を目の当たりにすることで、菅原さんの活動の意義を実感できるのも素晴らしいですね。さらに、支援の重要性を強く感じていることも共感できます。これは単に更生支援にとどまらず、社会全体がもっと理解と支援を提供することで生きやすい社会を築けることを示していると思います。また、自己責任という固定観念から解放され、支援を求める重要性についてのお話も大切な視点です。多くの人々が自己責任にとらわれず、支援を受け入れることで本来の力を発揮し、より良い未来を築けると感じます。社会全体が理解と支援を提供することで、誰もが生きやすい社会を実現できるでしょう。菅原さんの活動はその一端を担っており、大きな意義があります。このような視点と活動が広がることで、多くの人々が救われ、希望を持って生きることができる社会が実現することを期待しています。丸山さん、いかがでしょう

か。

丸山　言葉だけだと薄くなる気がしますが、どこか遠くにいる人の問題ではなくて自分に直結する問題だと思えることができるかどうかなんです。でも、自分に直結する問題であるという思考にはなかなか進みません。では、どうやってこの思考を持てるようになるのか。有名なソーシャルワーカーの話を聞きに行ったときに2つの大切な気づきを学びました。「まず、出てくる要望はすべて受け取って可能な限りすべて解決する、解決できない要望も一生懸命に取り組む。それをひたすら繰り返せば、みんな相談してくれるようになる」と言うのですよ。支援者が口だけで何も行動を起こさないと、誰も相談に来なくなります。次に、取組みの内容を地域の人たちに具体的に伝えることで、彼らがこれは自分の問題だと思ってもらえるかどうかが鍵です。たとえば、ゴミ屋敷を掃除する際に、どうしてゴミを家の中に溜め込んでしまったのか、どうして家の中に引きこもってしまったのかを説明することで、近所の人や自分の親戚、友人が、これは他人事ではないと思える街づくりをすると、いずれ自分にも起こりうる問題だと自分事として考えられるようになったら、近所の方たちが手伝いに来てくれるようになったそうです。この2つ目の話の方がポイントだと考えています。どこの誰か知らない人がひどい犯罪を起こしているという思考ではなくて、なぜ犯罪を起こしたのかその背景を知り、そして考えるということが広がっていけばいいなと思います。

　また、被害者がいる犯罪だとこの手の問題として考えなければならない問題と同時に別の議論が出てきてしまうのですけど、薬物事犯のように被害者のいない犯罪なら、もう少し寄り添って考えられるようになるのではないかと期待しています。人が生きたいように生きるということを否定しない社会になればな、と思っています。その人たちが困っていたら「一緒にやりましょうよ」と言える社会になってほしいですね。

木下　丸山さん、ありがとうございました。支援者が行動を伴わせることの重要性や、具体的な取組みが信頼関係を築くという点、まさにそのとおりだ

と思います。信頼関係があれば、相談者は安心して問題を共有し、支援を受け入れやすくなります。また、地域の人々に問題の背景を理解してもらうことも重要です。ゴミ屋敷の例はわかりやすく、地域住民が自分事として問題を捉えるきっかけになります。背景を理解することで、地域全体が協力して問題解決に取り組む姿勢が生まれるでしょう。さらに、犯罪の背景を理解し寄り添って支援するアプローチは、再犯防止におおいに寄与すると感じます。背景を理解し適切な支援を提供することで、再犯リスクを減らし、支援を受けた人々が社会に順応し自立できるようになります。単なる罰ではなく、寄り添いと理解が不可欠です。このようなアプローチが広がれば、犯罪の背景を理解し寄り添って支援する社会に近づくと感じました。丸山さんの視点は現代社会の複雑な問題に対する有効な解決策であり、非常に素晴らしいと思います。貴重なご意見を共有していただき、心から感謝いたします。では、毛利さんお願いします。

毛利 罪を犯した人を罰するより、支援した方が再犯率が下がることがさまざまな研究で明らかになっていますので、再犯率を下げ次の被害を防ぐ。受刑者の支援に携わっている意味です。また、「生きる」ということを考えるのに役に立ったので、私自身のためにやっているというところもあります。

　読者の方は受刑者や元受刑者の支援を仕事にはしていないかもしれませんし、ここでの意見で賛同できる考えもあれば、賛同できない考えもあると思いますが、座談会の参加者の皆さんの考える支援の意味や意義を聞いたうえで、ご自身が支援の意味や意義を考えていただけると嬉しいですね。また、たくさんの情報に触れてほしいと思います。ネットにはたくさんの記事が出ていて、たくさんの情報が得られます。ただ、個人的には、批判しているだけの記事は生産的ではなく、ただ、怒りだけを刺激されると思っていますので、回復している人のストーリーや研究者の論文など、前向きな中に批判が入っていてもいいので、そういった情報にたくさん触れてもらえればと思います。

　もし、支援を必要とする元受刑者の方に出会うことがあったら、ぜひ声を

かけてみてください。とても面白い世界が広がっているし、自分自身もとても豊かになる可能性があります。

木下 ありがとうございました。毛利さんの発言に心から同意します。罪を犯した人を支援することで再犯率が下がるという考えは、社会全体の安全にも繋がるし、何よりも受刑者自身の人生を豊かにする大切な取組みだと思います。また、支援活動を通じて自分自身が成長し、「生きる」ということについて深く考える機会を得られるという話は、とても示唆に富んでいると感じました。読者の皆さんも、毛利さんのような前向きな視点を持ちながら、多くの情報に触れて支援の意味や意義を考えてもらえれば、より良い社会の実現に貢献できるのではないでしょうか。元受刑者との交流が自分自身の豊かさにも繋がるという点も、とても魅力的だと感じます。では最後に渡邊さんお願いします。

渡邊 自分は仕事でたまにミスをしてしまいます。そして、ミスを隠そうとしてしまいます。ではなぜミスを隠そうとするのかというと、失敗した原因に、自分自身の弱さや仕事に対する煩わしさといったものがあるので、表に出したくないわけですね。ミスをしない自分を装うわけです。自分は弱いなとか仕事が煩わしいなという気持ちを持っていることを許容できるコミュニティーになればミスを認めやすくなり、ミスや非を認めたり、ミスに対して謝ったりするということが楽にできるようになる気がします。もしかしたら、社会全体が、弱さを許容できていない結果として追い詰められて非を認めなかったり、謝ったりすることができなくなっているのではないでしょうか。

　弱さやいろいろな自分を許容しあえる社会は自分にとっても、とても生きやすいんですけど、そういう要素をたくさん持って人として生きている人にとっては、きっと生きやすい場所だと思うので、そういう社会を目指すことが自分の生きる社会を少しずつでも柔らかいっていうか、知らない人だらけの中で生きているというよりも本当に出会って知っている、その社会に自分は生きたいと思うので、自分の生きる社会が良くなることでもあると捉えて

もらえるきっかけになればいいなと思います。

木下 なるほど、よくわかります。自分の弱さやミスを認められる社会というのは、誰もが安心して自分を表現できる場所ですよね。私も、失敗を恐れて隠してしまうことがありますが、それが許されるコミュニティがあると、心が軽くなると思います。また、社会全体が弱さを許容できるようになることで、個々の責任感や協力意識が高まり、より豊かな人間関係を築けるようになるのではないかと感じました。自分自身が生きやすい社会を作るために、お互いに支え合うことが大切だという視点は、とても重要だと思います。私は、犯罪に至るのは、いろいろな事情によって社会の中で生きていくスキルが欠如していることが原因ではないかと考えています。なので、欠如しているスキルを埋めるお手伝いをするということが、すなわち支援なのではないかと思っています。そして、支援を行うことによって再犯に至らなくなり、犯罪がより少ない社会になっていくだろう、みんながより安心して住みやすい社会に近づいていくのではないでしょうか。

　本日は、罪を犯した人の支援に携わっている皆さんにご参集いただき、「なぜ『罪に問われた人たち』を支援するのか、なぜ支援が必要なのか」について、日ごろの活動の内容をご紹介いただきながら、想いや考えをお話しいただきました。本書を手に取ってくださった読者の皆様は、どのようなご感想を持たれたでしょうか。我々のように「罪を犯した人に支援は必要だ」とお考えになりますでしょうか。あるいは、別の考えもあると思います。ただ、この議論については、これまであまりされてはきませんでしたが、とても大切なテーマであると考えます。なぜなら、「罪を犯した人への支援」について検討することは、我々が身を置く社会のあり方の話の一端であると考えるためです。どのような意見があってもよいと考えます。これを契機に、我々の社会のあるべき姿を検討できればと考えております。本書が、その議論の契機の一端になるのであれば、企画者として、これ以上ない喜びです。

おわりに

　本書を手に取っていただき、また、最後まで読んでいただきありがとうございます（もしも先に「おわりに」を読んでいる人は、今すぐ最初のページへGo!）。本書は犯罪関連の仕事や研究をしている人には物足りないものになっているかもしれません。それはこの分野に初めて手を伸ばして読んでみようと思ってくださった読者を対象にしているからです。いや、初心者どころか、「なんであんな奴らの支援なんかするのだ？」というマイナスイメージをお持ちの人にこそ手に取ってもらいたい想いで構成されています。私自身が「犯罪」や「刑事政策」について考えるようになったのは、大学で刑事政策のゼミに所属したからだと思い込んでおりました。おそらく、本格的に勉強として、研究として向き合い始めたのは本当にそうなのだろうと思っています。ただ、じっくりと思い返してみれば、私の対談にもあったように、母親が京都の片隅で民生委員を長期間やっていたというのも大きな影響を与えていたのではないかと考えるようになりました。私の生まれ育った街は高齢者や単身で子育てをされている方の支援などを熱心に行いつつ、地域社会の問題を民生委員などのその地域に住む支援者におんぶに抱っこであったと言っても言い過ぎではない街でした。民生委員をしていた母に、地域社会の困り事や解決してほしい課題が毎日のように相談事として舞い込んできていたようです。もちろん、守秘義務もありますし詳細な部分や事件の本質に触れるようなものは一切教えてはくれませんでしたが、次から次へと生じる問題に向き合っている母の背中を見て育ったのは事実です。簡単に「〇〇すればいい」という問題でもなく、市役所や府に相談しても何も解決しない問題の山積みでした。

　私が直接に「刑事政策」の分野に向き合うようになったのは、大学生からでした。教科書や授業で聞く話は理解していたつもりでしたが、学部生の頃に京都にDARCを作る準備会に入って、一緒に活動したことが大きな転機になっています。これまた対談でも話したのですが、地域社会の薬物使用者への偏見があり、とても同じ人を対象にして話しているとは思えない会話のすれ違いがありました。その間に入って、偏見を取り除きたい、「薬物使用をしている人は困っている人だから助

けてあげたい」という驕りのようなものがあったと思います。対談の中のエピソードにも出てきますが、ゼミの先生にDARCの支援活動をしているという話をしたときに、その先生は驕っている私の態度を見て「君は偉いんだね」という言葉を発しました。この一言でハッと我に返った記憶があります。なぜ上から目線で語っているのだろうか、彼ら・彼女らは私の施しを受けるような存在なのか、という思いで恥ずかしくなりました。こういった原体験があるからこそ、私は「市民のための刑事政策」というモットーを持って社会病理や犯罪現象に取り組むようになっていきました。最初に書いた子どもの頃の原体験も、大学生で経験したこともそうですが、人が逸脱行動に出るまでや出た後に必要なことは、その一瞬だけに注目すればいいのではなく、なぜそのようなことが起こったのか、どうすれば回避できたのか、どのように社会で受け入れるのか、について局所的に光を当てればいいのではないということです。すべてが地続きで、かなり早期にそのリスクを分散していくことが大事なのだと思うようになっていきました。

　さて、本編の話にも触れていきましょう。本書はそれぞれの立場で罪を犯した人と向き合う人々の物語を語ってもらい、なぜ関わるのか、何を考えているのか、それぞれの専門性からどのような関わり方になるのか、などなど多種多様なお話を展開していただいています。菅原直美さんは弁護士として事件で関わった人とのエピソードを、渡邊洋次郎さんは当事者であり支援者として薬物で困っている人とのエピソードを、毛利真弓さんは心理職として矯正施設や地域社会での関わりで支援する話を、加藤公一さんは元刑務官として医療刑務所の現場で福祉的ニーズの高い人への支援を通して得た話を、そして冒頭の金子毅司さんには福祉の現場で出会う司法ルートから来る人への支援の大事さ（結局は、どのルートであっても同じ支援の大事さがあること）を思う存分に語っていただきました。対談にも登場する私（丸山泰弘）は、この「おわりに」にあるような話の延長線で支援される側と支援する側という関係ではなく、その人らしく生きていくというのはどういうことなのかについて好きなだけ語らせていただきました。もちろん、全員が全員、普段の取組みと想いをすべて説明できているとは思いません。それぞれの行間で、

言葉の意味で、何を伝えたかったのか、この本を通じて読者の皆さんにたくさんの想いを持っていただき、もっと語って良しということであれば全国どこでも呼んでください。馳せ参じてイベントをさせていただきます。

　今回の本では罪を犯した人と向き合う7人の物語を紹介させていただきました（編集会議で「男女7人〇〇物語」という題名にしたいと伝えたら、昭和感が溢れすぎたので速攻で却下となりました）。しかしながら、我々、編著者としてはまだまだ足りないと思っています。たとえば、被害者でありながら犯罪と向き合っている方のお話も掲載したかったし、犯罪に至るもっともっと前の段階で地域の困りごとを解決している方々の話も掲載したかったのです。残念ながら紙幅の関係で本書に掲載することは叶いませんでしたが、読者の皆さんの熱い要望と本書を応援してくだされば念願の第2巻が発刊され、そこでは本書では掲載しきれなかった「罪を犯した人々と向き合う人々」の物語をもっとご紹介できるかもしれません。

　そして最後に、共編著者である木下大生さんとのことも書いておきたいと思います。木下さんと初めて会ったのは司法福祉学会で大阪に出張していた10年以上前のことだったと思います。その頃は、まだ大学ではなく国立のぞみの園で研究をされている頃でした。その後の別の機会の研修でもほぼ初対面の私に「丸山さん！ラーメンに行きますか？」と言われて、「はい」と即答した記憶があります。後で聞いた話では木下さんもまさか即答するとは思っていなかったようで驚いたということでした。それからは家族ぐるみでのおつき合いが始まりました。我が家にもよく来ていただいていて、子どもたちともたくさん遊んでいただいたので、丸山家のノリスケさん的な位置づけにもなっておりました。もちろん、研究でも多くの共同研究を一緒にさせていただいており、調査に一緒に行くことも多くあります。本当に公私ともにお世話になっている木下さんとこのように一つの書物に関われたことを嬉しく思っています。また、現代人文社の齋藤拓哉さんのことも書いておきたいと思います。普通の「あとがき」では「わがままな執筆者のお願いにも根気よくつき合っていただき……」的な謝辞を編集の方に書くものだと思いますが、私と木下さんのわがままな想いに対して、それに負けないわがままな願い

や想いをぶつけてきたのは、むしろ齋藤さんだったと思います。嫌味で言っているわけではなく、むしろこの3人だったから本書が短時間でもできあがったのではないかと考えています。時にはオンライン上で、時には高円寺あたりの居酒屋で繰り返される打合せによって本書ができあがったと言って過言ではありません。そういった熱い想い（?）で本書が本屋に並び、皆さんの手元に届くことを本当に嬉しく思います。

黍嵐を感じる五反田の狭間にて。

2024年9月18日

立正大学教授　丸山泰弘

丸山泰弘　　木下大生

木下大生（きのした・だいせい）　イラスト右側

武蔵野大学人間科学部教授。博士（リハビリテーション科学）、社会福祉士。医療ソーシャルワーカー、国立重度知的障害者総合施設のぞみの園研究係長等を経て、現職。専門は、障害者福祉、ソーシャルワーク。一般社団法人 TS ネットワーク理事。近年はソーシャルワーカーとして、罪に問われた人、性風俗で働く女性の支援に携わってきた。著作に、『認知症の知的障害者への支援―「獲得」から「生活の質の維持・向上」へ』（単著、ミネルヴァ書房、2020 年）、『ソーシャルアクション！あなたが社会を変えよう！―はじめの一歩を踏み出すための入門書』（共編著、ミネルヴァ書房、2019 年）、『知りたい！ソーシャルワーカーの仕事』（岩波書店、2015 年）ほか。利き手は右手。利き足は左足。遠近両用＋調光レンズ（ブルー）の眼鏡を使用している。

丸山泰弘（まるやま・やすひろ）　イラスト左側

立正大学法学部教授。博士（法学）。専門は刑事政策・犯罪学。日本犯罪社会学会理事、日本司福祉学会理事。2017 年にロンドン大学バーベック校客員研究員、2018 年から 2020 年にカリフォルニア大学バークレー校客員研究員。テレビやネットニュースでは触れられない問題とこれまでにない角度から「犯罪」を考える市民が増えることを目指した Podcast トーク番組「丸ちゃん教授のツミナハナシ」のメイン MC。拙著『刑事司法における薬物依存治療プログラムの意義―「回復」をめぐる権利と義務』（日本評論社、2015 年）で守屋研究奨励賞（2016 年）。その他の業績としてタモリ倶楽部の空耳アワーの T シャツ獲得がある。朝の連続ドラマ小説が大好きで NHK の人も驚くぐらいかなりの Geek である。

だから、ワタシは「罪に問われた人たち」と生きる。
犯罪と向き合う7人の物語

2024年11月1日　第1版第1刷発行

編著者　木下大生、丸山泰弘
発行人　成澤壽信
編集人　齋藤拓哉
発行所　株式会社 現代人文社
　　　　160-0004 東京都新宿区四谷2-10八ッ橋ビル7階
　　　　Tel：03-5379-0307　Fax：03-5379-5388
　　　　E-mai：henshu@genjin.jp（編集）hanbai@genjin.jp（販売）
　　　　Web：www.genjin.jp
発売所　株式会社 大学図書
印刷所　株式会社 シナノ書籍印刷
挿　画　きえこ.
ブックデザイン　渡邉雄哉（LIKE A DESIGN）

検印省略　Printed in Japan
ISBN　978-4-87798-870-8 C3032
©2024　Daisei Kinoshita, Yasuhiro Maruyama
◎乱丁本・落丁本はお取り換えいたします。